Anja Huss

Lichterglanz und Weihnachtsduft

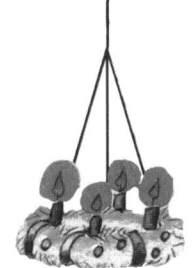

55 Ideen und Impulse für die Adventszeit in der Kita

Mit Illustrationen von Elisabeth Lottermoser

HERDER

FREIBURG · BASEL · WIEN

Erläuterung der Symbole:

 Kleingruppe (3–10 Kinder)

 Großgruppe ab 10 Kinder Altersangabe in Jahren

MIX
Paper from
responsible sources
FSC® C010798

©Verlag Herder GmbH, Freiburg im Breisgau 2012
Alle Rechte vorbehalten
www.herder.de

Umschlaggestaltung: SchwarzwaldMädel, Simonswald
Illustration Umschlag: Klaus Puth, Mühlheim
Illustrationen Innenteil: Elisabeth Lottermoser, Gütersloh
Lektorat: Pia Haferkorn, Freiburg

Satz und Gestaltung: Arnold & Domnick, Leipzig
Herstellung: Graspo CZ, Zlín
Printed in the Czech Republic

ISBN 978-3-451-32630-1

Anja Huss

Lichterglanz und Weihnachtsduft

Inhalt

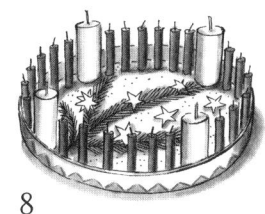

Und es begab sich ...

Geschichten, Theater & Gedichte

Der Kipfel, der Kapfel ...

Weihnachtliche Düfte und Genüsse

Stille Nacht und (Vor-)Freudensprünge

Ruhe, Bewegung, Entspannung

Schöne Bescherung!

Adventswerkstatt

Weihnachtslied

Vom Himmel in die tiefsten Klüfte
ein milder Stern hernieder lacht;
vom Tannenwalde steigen Düfte
und hauchen durch die Winterlüfte,
und kerzenhelle wird die Nacht.

Mir ist das Herz so froh erschrocken,
das ist die liebe Weihnachtszeit!
Ich höre fernher Kirchenglocken
mich lieblich heimatlich verlocken
in märchenstille Herrlichkeit.

Ein frommer Zauber hält mich wieder,
anbetend, staunend muss ich stehn.
Es sinkt auf meine Augenlider
ein gold'ner Kindertraum hernieder,
ich fühl's, ein Wunder ist geschehn.

Theodor Storm (1851)

Vorwort

Liebe Erzieherinnen,

wie sieht Ihr „Kindertraum" der Weihnacht aus? Welche Düfte, Klänge, Bilder, Stimmungen lassen Sie an „Advent" und „Weihnachten" denken? Welche Gefühle haben Sie dabei – sind Sie auch „froh erschrocken"?

Viele Kinder haben klare Vorstellungen von der Vorweihnachtszeit: Adventskalender, Plätzchen, Kerzen, Geheimnisse und die Hoffnung auf Geschenke gehören sicher dazu. Aber auch das Gefühl der Geborgenheit, der Gemütlichkeit, das Singen von Liedern und das Basteln und Werkeln sind Facetten, die diese Zeit charakterisieren.

Manchen Kindern fehlt der religiöse Bezug, das Hintergrundwissen für diese Zeit, in der traditionelle Bräuche und Rituale eine wichtige Rolle spielen. Denn viele Kinder wachsen ohne jede religiöse Bindung oder mit einer anderen als der christlichen Religion auf. Dennoch ist das Weihnachtsfest fester Teil unserer europäisch-abendländisch-christlichen Geschichte. Daher gehört auch eine kindgerechte Vermittlung von Hindergrundwissen über diese besondere Zeit, im Sinne der Bildungsarbeit, zu den Aktivitäten in der Kita.

Mit Ihrem Team stehen Sie außerdem vor der Aufgabe aufzuspüren, welche „Botschaft" und welche Werte für Sie und die Kinder und Familien Ihrer Kita das Weihnachtsfest vermitteln soll.

In diesem Buch finden Sie eine Sammlung von 55 Ideen und Impulsen, aus denen Sie die passenden Elemente auswählen können, um mit den Kindern Ihrer Kita die Adventszeit bewusst zu erleben und gemeinsam zu gestalten. Die Kapitel sind thematisch gegliedert. Das Register im Anhang hilft Ihnen, Angebote gezielt aus verschiedenen Kategorien (Spiele, Lieder, Geschichten, Rezepte usw.) auszuwählen.

Bei allen Aktivitäten und fleißigen Vorbereitungen soll aber eines nicht aus dem Blick geraten: Der Advent steht auch für Besinnung und innere Einkehr. Es sind Wochen, in denen man sich anderen zuwendet, ihnen Hilfe gibt, sie unterstützt. Dies wiederum bedarf einer Sache, die gerade in unserem Lebensalltag rar geworden ist, und das ist Zeit. In diesem Sinne: Nehmen Sie sich Zeit für die Kinder und mit ihnen. Setzen Sie einen Gegenpol zur Hektik des Alltags. Das ist ein Geschenk, von dem alle profitieren.

Ich wünsche Ihnen eine erfüllte und erfüllende Adventszeit mit den Kindern in Ihrer Kita und gutes Gelingen!

Anja Huss

Einmal werden wir noch wach

Warten voll Hoffnung und Ungeduld

Warten – das fällt allen schwer, Kindern wie Erwachsenen. Warten bedeutet aber nicht zwangsläufig, sich passiv zu verhalten. Gerade die Adventszeit lädt dazu ein, sie aktiv und bewusst zu gestalten. Schließlich ist diese Wartezeit von der Hoffnung auf ein erfüllendes Weihnachtsfest geprägt.

Adventskalenderkerze

Materialien: Stumpenkerze (Länge 300 mm, Ø mind. 60 mm), Wachsplatten, Lineal und Küchenmesser, Bastelschere, Zahnstocher, dicker Nagel oder Pricknadel, eventuell kleine Plätzchen-Ausstecher, farbige Tafelkreide

Vorbereitung: Mit dem Lineal vom Boden der Kerze ausgehend eine Skala mit 24 Punkten abmessen und mit dem Zahnstocher oder einem Küchenmesser einritzen. (Bei einer Kerzenhöhe von 300 mm liegen zwischen den 24 Punkten jeweils 12,5 mm.)

So geht's:

Gestaltung mit Wachsplatten

Die Skalierung mit kleinen Kügelchen aus Wachs farbig markieren. Eventuell die Zahlen aus Wachsröllchen formen und abwechselnd rechts und links der Skala befestigen. Dabei von oben mit „1" beginnen. Advents-Motive ausschneiden oder ausstechen. Mit diesen die Kerze verzieren.

Gestaltung mit Kreidestaub

Von einem farbigen Kreidestück mit der Schere oder dem (nicht zu scharfen) Messer Kreidestaub abreiben. Mit einem Zahnstocher, einem Nagel oder der Pricknadel Muster, Motive und evtl. die Zahlen von 1 bis 24 aus dem Wachs herauskratzen. Den Kreidestaub in die geritzten Flächen hineinstreichen. Überschüssigen Staub abstreifen oder mit einem Taschentuch abnehmen.

Die Kerze auf einem Tischchen mit einer schönen Decke, einem Tannenzweig auf einem Kerzenständer arrangieren. Jeden Morgen ab dem 1. Dezember die Kerze entzünden. Sobald das Wachs bis zur nächsten Markierung abgeschmolzen ist, wird die Kerze gelöscht. Die Kinder beobachten, wie die Kerze im Laufe der Zeit immer kleiner wird. Sie macht das Warten und das Vergehen von Zeit für die Kinder erfahrbar.

Ein Adventskranz für alle Tage

4+

Materialien: großes rundes Tablett (32 cm ø) mit Rand aus Metall, 18 bis 24 rote Kerzen (ø 30 mm, 60 mm hoch), 4 weiße Kerzen (ø 60 mm, 120 mm hoch)

Geschichte zum Einstieg:

Johanna steht am ersten Adventssonntag vor dem Adventskranz. Sie bewundert die erste brennende Kerze und freut sich schon auf das große Weihnachtsfest. Da kommt ihr ein Gedanke: Wie lange dauert es denn noch bis zum Heiligen Abend? Sie stellt sich vor ihre Mutter: „Mama, wann ist denn endlich Weihnachten? Hier am Kranz sind vier Kerzen, für jeden Adventssonntag eine. Aber es sind doch noch viel mehr Tage bis dahin! Wie kann ich denn wissen, wie lange es wirklich noch dauert?"

Johannas Mutter lächelt: „Na, das kannst du ja an deinem Adventskalender sehen, den wir für dich aufgehängt haben." Johanna denkt kurz nach: „Aber es wäre doch auch wunderschön, wenn wir jeden Tag eine neue Kerze anzünden könnten – so wie bei den Türchen am Adventskalender!"

Johannas Mutter nimmt sie auf den Schoß, streicht ihr über den Kopf und beginnt zu erzählen: „Genau diese Idee hatte vor fast 200 Jahren ein Mann in Hamburg, Johann Hinrich Wichern hieß er. Er hat sozusagen den Adventskranz erfunden. Damals gab es in Hamburg viele Familien, die in großer Armut lebten. Die Kinder mussten schon früh arbeiten oder betteln gehen. Sie konnten nicht zur Schule, hatten wenig zu essen und lebten in erbärmlichen Hütten. Viele waren krank. Dieser Johann Hinrich Wichern war sehr gläubig und wollte den armen Familien helfen. Da er einige reiche Menschen in Hamburg kannte, hat er diese um Geld gebeten, damit er ein Kinderheim für die armen Kinder aufbauen konnte. Immer 12 Kinder bildeten dort mit einem Erwachsenen eine Art Familie." Johanna wurde langsam ungeduldig: „Aber was hat das denn mit dem Adventskranz zu tun?" „Dazu komme ich jetzt, Johanna. Diese Kinder waren genau so ungeduldig wie du. Im Advent kamen sie immer wieder zu Johann Hinrich Wichern und fragten ihn, wann endlich Weihnachten sei. Da hatte er die Idee, einen Adventskranz zu bauen. Da er nicht viel Geld hatte, nahm er ein altes Holz-Wagenrad. Dort hinein bohrte er einige Vertiefungen und stellte Kerzen hinein: Kleinere, rote Kerzen für die „normalen" Tage im Advent und große, weiße Kerzen für die Adventssonntage. So brannte an jedem Tag eine Kerze mehr, es wurde immer heller. Und keiner musste mehr fragen, wie lange es noch bis Weihnachten dauerte." Johannas Mutter macht eine kleine Pause. „Aber geduldig warten mussten die Kinder damals wie heute."

So geht's: Die Kerzen auf dem Tablett anordnen. Die Zahl der kleinen, roten Kerzen ist abhängig vom Datum, auf das der 1. Adventssonntag fällt. Der früheste Termin ist der 27. November, dann werden 24 kleine Kerzen benötigt. Der späteste Termin für den 1. Advent ist der 3. Dezember. Hier sind 18 kleine, rote Kerzen notwendig. Mit der Kerze für den 1. Advent beginnen, 6 rote Kerzen für die Wochentage, 2. Advent, 6 rote Kerzen für die Wochentage, 3. Advent, 6 rote Kerzen für die

Wochentage, 4. Advent. Fällt der Heilige Abend auf den 4. Advent, steht die Kerze vom 4. Adventssontag neben der vom ersten. Liegen zwischen dem 4. Advent und Heilig Abend noch einige Tage, wird die entsprechende Anzahl roter Kerzen eingefügt. Wer mag, kann in der Mitte des Tabletts noch etwas Tannenreisig dekorieren.

Johann Hinrich Wichern (1808–1881) war ein deutscher Theologe und einer der Begründer der „Inneren Mission" und der evangelischen Diakonie-Bewegung. 1833 gründete er in Hamburg das „Rauhe Haus". Hier erhielten Kinder aus verarmten Familien ein Zuhause und eine Chance zu einem Neubeginn. Der erste Adventskranz soll im Jahr 1839 im Rauhen Haus zum ersten Mal geleuchtet haben; zunächst nur als Holzkranz, in späteren Jahren mit Tannenreisig dekoriert.
www.rauheshaus.de

Weihnachts-Bilderbuch am Fenster

Materialien: ein breites Fenster, Transparent- und Seidenpapier, Architekten- oder Butterbrotpapier, Tapetenkleister, Glasmalstifte, Wachsmalstifte, Wasserfarben und Pinsel

So geht's: Die Erzieherin stellt den Kindern die Idee vor, ein oder mehrere Fenster als „Weihnachts-Bilderbuch" zu gestalten. Die Gruppe legt gemeinsam fest, in welcher Reihenfolge sie die einzelnen Elemente einfügen möchte, beispielsweise:

- Hintergrund mit Himmel und Feld für die Hirten, eventuell Herodes-Burg, Ort Bethlehem mit Herbergen
- Engel, Hirten, Schafe, (Lagerfeuer, Hirtenhund)
- Stall mit Krippe, Weihnachtsstern, andere Sterne, Mond
- Jesus, Maria und Josef, Ochse und Esel
- die drei Heiligen Könige (mit Geschenken und Kamelen)

Jeden Tag gestaltet eine andere Kleingruppe ein Element des „Weihnachtsfensters". Dafür entweder direkt auf das Fenster oder auf transparentes Papier malen. Auch farbiges transparentes Papier kann in Form geschnitten oder gerissen und mit Tapetenkleister problemlos auf die Scheibe geklebt (und später auch wieder entfernt) werden. Märchenwolle wird an der Scheibe zum Schaf (Kopf und Beine aus Papier gestalten). Ein blauer Stoffbaldachin, der von der Decke herabhängt, wird zum Himmel. Wichtig ist, dass Maria und Josef erst in den letzten Tagen vor Weihnachten im Stall „ankommen". Das Jesuskind findet seinen Platz in der Krippe am letzten Öffnungstag vor den Weihnachtsferien. Die drei Heiligen Könige sind da noch unterwegs und erreichen den Stall erst am 6. Januar.

Tipp: Die Entstehung des Bilderbuches, bzw. einzelne Szenerien fotografisch festhalten. Daraus kann ein „richtiges" Bilderbuch zur Weihnachtsgeschichte entstehen, das die Kinder als Erinnerung und Geschenk erhalten.

Auf Weihnachten warten

So geht's: Die Kinder sitzen gemütlich rund um eine brennende Kerze oder den Adventskranz, während die Erzieherin die Geschichte erzählt oder vorliest.

Geschichte:

Lukas steht vor seinem Adventskalender – das erste Päckchen hat er am Morgen schon geöffnet. Er seufzt: „Wenn doch schon Weihnachten wäre! Diese Warterei ist so anstrengend!" Er betastet die kleinen Päckchen, eines nach dem anderen. Am liebsten würde er jetzt schon alle aufmachen. Da kommt Mama herein: „Ach, da steckst du! Ich 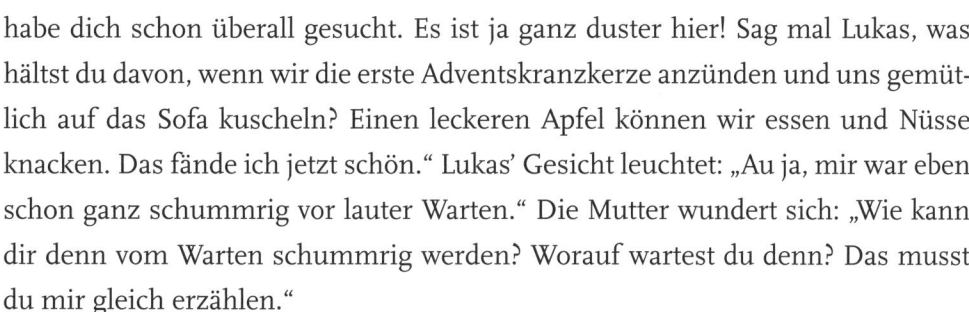 habe dich schon überall gesucht. Es ist ja ganz duster hier! Sag mal Lukas, was hältst du davon, wenn wir die erste Adventskranzkerze anzünden und uns gemütlich auf das Sofa kuscheln? Einen leckeren Apfel können wir essen und Nüsse knacken. Das fände ich jetzt schön." Lukas' Gesicht leuchtet: „Au ja, mir war eben schon ganz schummrig vor lauter Warten." Die Mutter wundert sich: „Wie kann dir denn vom Warten schummrig werden? Worauf wartest du denn? Das musst du mir gleich erzählen."

Die Mutter zündet die Kerze an und Lukas kuschelt sich an seine Mutter. „Also, wie war das mit dem Warten?" „Naja," sagt Lukas. „Ich stand vor meinem Adventskalender und konnte es gar nicht mehr erwarten, dass bald Weihnachten ist. Am liebsten hätte ich alle Päckchen aufgemacht. Aber dann dachte ich, dass sich die Wartezeit dann noch länger anfühlen würde." Lukas Mutter lächelt: „Das Gefühl kenne ich gut. Auf manche Dinge muss man lange warten. Das Schöne am Warten im Advent ist aber, finde ich, dass wir wissen, dass das Weihnachtsfest kommen wird. Warten auf etwas, von dem man nicht weiß, ob es wirklich passiert, macht einen doch noch viel schummriger." Lukas denkt nach: „Ja, das stimmt. Aber trotzdem wird mir auch beim Warten auf das Weihnachtsfest, auf das ich mich so freue, schummrig."

Kurze Zeit ist es ganz still. Die Uhr tickt leise, Lukas und seine Mutter schauen in die Flamme der Kerze. „Aber jetzt, sagt Lukas, „jetzt ist das Warten schön. Zusammen mit dir fühlt sich das Warten viel weniger schummrig an. Lukas Mutter lacht: „Weißt du was? Wir können im Advent jeden Abend ein bisschen zusammen warten. Vielleicht macht Papa auch mit, was meinst du?" Lukas freut sich: „Au ja! Dann wird es ganz schnell Weihnachten!"

Impulsfragen:

- Wie fühlst du dich beim Warten?
- Wie wartest du auf das Weihnachtsfest?
- Was hilft dir, wenn dir beim Warten „schummrig" wird?
- Worauf wartest du gerne, worauf nicht so gerne?
- Worauf warten wir im Advent?

Weiterführende Aktion:

Die Kinder überlegen und malen, wie sie die Adventszeit, das Warten auf das Geburtstagsfest von Jesus, in der Kita und zu Hause gestalten können. Vielleicht entsteht daraus auch eine Art Adventskalender, gefüllt mit schönen Dingen, die sich die Kinder in der Kita im Advent gegenseitig „gönnen".

Brauchtum

Adventsweg: Unterwegs zur Krippe   2+

Materialien: Karton und Papier (auch farbig), Goldfolie, Klebstoff, Scheren, 24 Teelichte in Gläsern, einfache Krippe aus Holz (oder mit Rindenstücken beklebter Schuhkarton), Naturmaterialien (Moos, Stroh, Heu, Holzstücke, Rinde), Toilettenpapierrollen, Farbstifte, Holz- oder Wattekugeln (Ø 5 cm), Holzleim, Stoffreste, Wollreste, Märchenwolle

Vorbereitung:

24 Sterne aus Karton ausschneiden, mit Goldfolie bekleben, eventuell nummerieren; sie dienen den Teelichten in den Gläsern als Unterlage. Diese an einer Stelle als „Weg" auslegen, der dorthin führt, die (noch leere) Krippe (s.o.) steht.

Gestalten Sie – sofern Sie in der Kita keine anderen Figuren haben – Maria und Josef, indem Sie auf je eine Toilettenpapierrolle eine Holz- oder Wattekugel als Kopf befestigen und die Figur mit Stoffresten ausgestalten (Maria: dunkelblaues Cape, Josef: Bart aus Märchenwolle, einen kleinen Zweig als Wanderstock).

So geht's: Erklären Sie den Kindern den Adventsweg etwa so: „In den 24 Tagen bis Weihnachten zünden wir an jedem Tag ein Teelicht mehr an. Außerdem kommen wir so immer näher zur Krippe heran. Mit uns sind Maria und Josef unterwegs, auch sie wandern von einem Licht zum anderen, immer näher zum Stall in Bethlehem, in dem ihr Sohn Jesus geboren wird."

Überlegen Sie sich im Kita-Team für jeden Tag eine Möglichkeit, den Weg auszugestalten (Bäume, Wege, Lagerfeuer, Brunnen, Gebäude, Bachläufe, usw.) und weitere Personen zu ergänzen. Zudem können Sie die Weihnachtsgeschichte erzählen und so den Weg begleiten. Mögliche Stationen könnten sein:

- Maria und Josef brechen auf nach Bethlehem zur Volkszählung.
- Die Hirten hüten Schafe.
- Engel kommen zu den Hirten.
- Die Hirten brechen auch auf nach Bethlehem.
- Maria und Josef kommen in Bethlehem an und gehen auf Herbergssuche.
- Der Stern mit dem Schweif erscheint am Himmel.
- Die drei Weisen entdecken den Stern und brechen auf nach Bethlehem.
- Die drei Weisen kommen bei Herodes und seiner Burg vorbei.
- Maria und Josef kommen in den Stall (mit Ochse und Esel), Jesus wird geboren.
- Die drei Weisen kommen mit ihren Geschenken zum Stall. (Erst am 6. Januar!)

Jeden Tag wird die Landschaft ausgestaltet und mit weiteren Figuren ergänzt. Der Weg zwischen den Goldsternen wird mit Steinen oder Moos ausgelegt. Eine Wiese für die Hirten mit Lagerfeuer, Schafen und Hütehund entsteht. Die Burg des Herodes entsteht aus Pappe. Im Stall finden Ochse und Esel ihren Platz. Die drei heiligen Könige sind mit Kamelen und Geschenken unterwegs.

Strohhalme legen

4 +

Materialien: Strohballen, Körbchen oder Futterkrippe, Papier, Stifte

So geht's: Das „Strohhalmlegen" kann Teil des Adventsweges werden. Etwa so können Sie diesen alten Brauch bei den Kindern einführen:

„Früher haben sich die Menschen besonders in der Adventszeit Gedanken gemacht, wie sie anderen helfen können. Sie haben den armen Menschen zu essen gegeben oder sich mit Menschen, mit denen sie Streit hatten, versöhnt. Habt ihr eine Idee, wie ihr anderen helfen könnt?" Die Kinder überlegen, wie sie (möglichst konkret) anderen Kindern in der Kita oder auch zuhause in der Familie helfen können. Sie malen ihre Ideen auf und stellen sie in der Gruppe vor. Die Bilder werden später als „Galerie" im Gruppenraum aufgehängt. Anschließend erklärt die Erzieherin, was es mit dem „Strohhalmlegen" auf sich hat:

„Damit es in der Krippe, in der an Weihnachten das Jesuskind liegen soll, nicht so hart ist, soll sie mit Strohhalmen ausgepolstert werden. Wenn ein Kind jemandem geholfen hat, darf es aus dem großen Strohballen einen Halm herauszupfen und in das Körbchen oder die Krippe legen. So bereiten sich alle auf das Weihnachtsfest vor, das Warten geht schneller vorbei und das Jesuskind hat am Ende einen gut gepolsterten Schlafplatz."

Lieber, guter Nikolaus

Heilige und Engel als Wegbegleiter

Die Adventstage sind geprägt von vielen überlieferten Bräuchen.
Die Hintergründe, z. B. die Lebensgeschichten einiger Heiliger,
sind vielen nicht mehr bekannt. Auf den nächsten Seiten finden
Sie kleine Geschichten, die die Heiligenlegenden Kindern ver-
ständlich machen – und alte Bräuche zum (Wieder-)Entdecken.

Die heilige Barbara – 4. Dezember

4 +

Die Heilige Barbara, Tochter eines reichen Kaufmanns, die im heutigen Ízmit in der Türkei, damals Nikomedia, lebte, ließ sich gegen den Willen ihres Vaters taufen. Ihr Vater wollte sie in ihrem Glauben umstimmen, was ihm jedoch nicht gelang. Daraufhin lieferte er sie an den römischen Statthalter aus. Die Legende besagt, dass Barbara auf dem Weg in das Gefängnis mit ihrem Kleid an einem Strauch hängen blieb. Dabei brach ein dürrer Zweig ab und verhedderte sich in ihrem Kleid. In ihrer Zelle angekommen, fand sie den Zweig und stellte ihn in ihren Wasserkrug. Diesen stellte sie an die Stelle im Verlies, an der eine kleine Luke etwas Tageslicht hineinließ. Die Tage und Wochen vergingen, doch eines Tages staunte Barbara sehr: Der dürre Zweig brachte kleine Blüten und grüne Blätter hervor. Mit ihrer Farbe und ihrem Duft machten sie Barbara in der schlimmen Zeit im Gefängnis Mut und schenkten ihr Hoffnung. Bis heute ist es ein christlicher Brauch, am Barbara-Tag einen kahlen Zweig in der warmen Wohnung ins Wasser zu stellen, der dann mit etwas Glück genau zu Weihnachten erblüht.

Barbara-Zweige für die Kita

3 +

Material: Gartenschere, Plastikwanne, große Vase, Papier, Stifte, Klebefilm

Vorbereitung: Klären Sie vorab, wo Sie „Barbarazweige" schneiden können.

So geht's: Die Kinder erhalten die Forscher-Aufgabe, im winterlichen Garten oder auf der Streuobstwiese die Zweige und Äste von Bäumen und Sträuchern zu untersuchen. Wer genau schaut, kann auf den scheinbar toten Zweigen kleine Verdickungen entdecken, die Knospen, aus denen im Frühling Blüten und Blätter entstehen. Diese Knospen hat die Pflanze bereits im Spätsommer ausgebildet und mit einer harzigen, schmierigen Schuppenschicht umgeben, die sie wärmt und schützt. Schneiden Sie von verschiedenen Bäumen oder Sträuchern je einen Zweig ab, dabei merken sich die Kinder, von welcher Pflanze sie stammen (klassische Barbara-Zweige sind Kirsch-, aber auch Apfel-, Pflaumen- und Birnenzweige). In der Kita die Zweige über mehrere Stunden in lauwarmem Wasser „baden". Dies simuliert einen warmen Frühlingsregen, der die Knospen zum Öffnen auffordert. Die Zweige an einem warmen Ort in eine Vase stellen. Mit etwas Glück zeigen sich Blüten und/oder Blätter bis zum Heiligen Abend. Dabei gibt es eine Menge zu beobachten: Verändern sich die Knospen? Wer zeigt sich zuerst, Blätter oder Blüten? Entwickeln sich alle Zweige gleich? Ein Foto-Tagebuch an der Wand dokumentiert das Experiment.

Legende

Der heilige Nikolaus – 6. Dezember   4 +

Vor vielen Jahrhunderten, als Nikolaus Bischof von Myra war, bereisten die Menschen das Mittelmeer mit Segelschiffen. Die Seefahrer waren abhängig vom Wetter, vor allem vom Wind, und jede Schiffsreise war ein Abenteuer.

Zu jener Zeit fuhr ein Handelsschiff über das Mittelmeer. Die Stadt Myra war sein Ziel. Plötzlich kam ein heftiger Sturm auf. Wind und Regen peitschten das Wasser auf, riesige Wellen rollten über das Schiff hinweg und warfen es hin und her. Der Sturm brach sogar den Hauptmast ab. Das war gefährlich, denn dieser große Mast drohte, Löcher in den Schiffsrumpf zu schlagen. Die Seeleute hatte der Mut verlassen und sie klammerten sich hilflos an der Reling fest. In ihrer Not riefen sie: „Bischof Nikolaus von Myra, hilf uns!" Denn obwohl sie Nikolaus noch nicht kannten, hatten sie doch viele Menschen über seine Hilfsbereitschaft reden hören.

Plötzlich erschien auf dem Schiff ein Mann, der wortlos das Steuer übernahm und die Besatzung des Schiffes alleine durch seine Anwesenheit beruhigte. So konnten die Seeleute wieder klare Gedanken fassen: Sie schlugen mit Äxten die Taue des Mastes durch, sodass dieser davon schwimmen konnte und das Schiff nicht weiter zerstörte. Der Unbekannte lotste das Schiff durch Sturm und Wellen und brachte die ganze Mannschaft sicher in den Hafen von Myra.

Als sich die Seeleute bei dem Unbekannten, der ihnen das Leben gerettet hatte, bedanken wollten, war er an Bord nicht mehr zu finden. Daraufhin gingen die Seeleute an Land, in die Kirche nach Myra, um Gott für diese wundersame Rettung zu danken. Sie staunten, als sie dort den Unbekannten wiedersahen: Es war Nikolaus, der Bischof von Myra, den sie in ihrer Not um Hilfe angefleht hatten. Er feierte gerade mit seiner Gemeinde eine Messe. Seitdem ist Nikolaus der Schutzpatron der Seeleute und wird manches Mal mit Anker und Schiff dargestellt.

Der „Heilige Nikolaus" war Bischof von Myra (heute: Demre, Türkei) und lebte im 4. Jahrhundert n. Chr. Sein Gedenktag in allen christlichen Kirchen ist der 6. Dezember. Er gilt als Lebensretter und Wohltäter, besonders der Kinder. Das nächtliche Befüllen von Schuhen oder Tellern geht vermutlich auf die Legende mit den drei Jungfrauen zurück, die nachts durch Nikolaus mit drei Goldkugeln beschenkt wurden, damit sie ihre Mitgift zahlen und ehrenhaft heiraten konnten. Dieses Brauchtum ist nach wie vor sehr lebendig. In manchen Regionen wurden seit dem 15. Jahrhundert Nikolausschiffchen aus Papier gefaltet, in die Nikolaus seine Gaben für die Kinder legte.

Kreativ gestalten

Kerzenschiffchen aus Nussschalen

Materialien: Walnüsse, Messer, Nussknacker, Reste von Bienenwachs-Platten, Teelicht-Dochte „mit Fuß", eventuell Alufolien-Reste, Bastelunterlagen

Vorbereitung: Die Walnüsse so knacken, dass dabei ganze Hälften entstehen. Dafür die Spitze eines stabilen Küchenmessers am dickeren Ende der Nuss möglichst weit zwischen die Hälften stecken und vorsichtig drehen. Die Hebelwirkung trennt die beiden Schalenhälften voneinander.

So geht's: Die Kinder formen aus den Resten der Bienenwachs-Platten kleine Kügelchen, mit denen die Nusshälften, das sind die Schiffs-Rümpfe, gefüllt werden sollen. Dabei stellen sie fest, dass das Wachs durch die Wärme der Hände geschmeidig wird. Jedes Kind legt eine Walnusshälfte in eine Handfläche, die Öffnung zeigt nach oben. Einen Docht „mit Fuß" in die Walnusshälfte stellen. Dicht an dicht die Wachskügelchen rund um den „Docht-Mast" in das Boot füllen, immer wieder fest drücken, damit möglichst wenige Lücken entstehen. Dabei darauf achten, dass der Docht senkrecht steht.

Wenn alle Schiffe fertig sind, Wasser in eine (Glas-)Schale füllen, die Schiffe „wassern", die Dochte entzünden und den Raum abdunkeln. Wer mag, kann aus Alu- oder Metallbastelfolie kleine Boote bauen. Sie glitzern besonders schön im Kerzenlicht der anderen Schiffe.

Die heilige Lucia – 13. Dezember

So geht's: Im folgenden Erzähltext sprechen Lucia und ihre Mutter über ihre Erlebnisse. Diese zwei Personen werden für die Kinder besonders lebendig, wenn zwei Erzieherinnen den Text „mit verteilten Rollen" vorlesen.

Erzähltext:

Wir machen jetzt eine Zeitreise in die Vergangenheit. Wir gehen 2.000 Jahre zurück und befinden und in etwa in der Zeit 300 n. Chr. Zu dieser Zeit werden Menschen, die an Jesus glauben, verfolgt und teilweise sehr schlecht behandelt. Viele von ihnen haben sich versteckt. Das Mädchen Lucia und ihre Mutter leben auf der Insel Sizilien in Italien.

Lucia: Mutter, stelle dir vor: Es gibt mehr Menschen, die so wie wir an Jesus Christus glauben, als wir wissen. Sie verstecken sich aber, weil sie Angst davor haben, wegen ihres Glaubens bestraft zu werden oder ins Gefängnis gehen zu müssen.

Mutter: „Ja, zum Glück hat noch niemand gemerkt, dass auch wir an Jesus Christus glauben. Das wäre sehr gefährlich für uns. Es ist scchlimm, wenn man sich verstecken muss, nur weil man einen anderen Glauben hat als die anderen. Diese Menschen in ihren Verstecken müssen fürchterlich hungern und Durst haben. Sie können sich ja höchstens im Dunkeln nach draußen wagen und dann gibt ihnen keiner etwas zu essen oder zu trinken."

Lucia: „Da müssen wir doch etwas tun! Wir können doch nicht zulassen, dass sie verhungern und verdursten. Ich könnte ja im Schutz der Dunkelheit Brot und Wasser in die Verstecke bringen. Allerdings bräuchte ich auch etwas Licht, sonst finde ich den Weg ja nicht. Wenn ich aber die Kerzen oder eine Lampe in den Händen trage, kann ich höchstens einen Korb mit Brot tragen."

Mutter: „Vielleicht habe ich eine Idee. Du könntest dir ja einen Kranz aus Zweigen flechten und dort hinein Kerzen stecken. Dann würde dein Kopf die Kerzen „tragen" und du hättest beide Hände frei, um viel Brot und Wasser zu den versteckten Freunden zu bringen."

Lucia: „Mutter, das ist eine tolle Idee – das probiere ich gleich aus!"

Lucia windet einen Kranz aus Zweigen, steckt die Kerzen darauf und zeigt sich der Mutter. *(Die Sprecherin stellt dies gleichzeitig pantomimisch dar.)*

Mutter: „Lucia, das sieht aus, als würdest du eine Krone aus Licht tragen. Aber pass gut auf dich auf, dass dich niemand sieht, wenn du herumgehst. Das wäre gefährlich für dich, aber auch für die anderen, deren Verstecke du verraten würdest."

Die heilige Lucia (286 – ca. 310) lebte in Syrakus auf der Insel Sizilien. Sie baute zusammen mit ihrer Mutter eine Armen- und Krankenstation auf. Außerdem unterstützte sie andere Christen, indem sie sie heimlich mit Nahrung versorgte. In Schweden trägt noch heute am Tag der heiligen Lucia die älteste Tochter der Familie ein weißes Kleid und einen grünen Kranz mit brennenden Kerzen auf dem Kopf. Sie weckt alle Familienmitglieder zum Frühstück, das sie vorbereitet hat.

Kreativ gestalten

Kunstwerke aus Licht

Materialien: Kreide, viele Teelichte, lange Streichhölzer oder schmale Kerze zum Anzünden der Teelichte

So geht's: Die Kinder zeichnen mit Kreide im Freien eine Kerze, eine Lucia-Krone oder ein beliebiges anderes Advents-Motiv auf. Etwas ältere Kinder können auch ihnen bekannte Zahlen oder Buchstaben aufmalen. An den Eckpunkten oder auch auf längeren Linien stellen die Kinder Teelichte auf. Am besten arbeiten sie hier zu zweit: Ein Kind zieht den Docht nach oben, sodass dieser später leicht entzündet werden kann. Das andere positioniert die Teelichte.

Jetzt gilt es, auf die Dämmerung zu warten. Noch bei etwas Tageslicht entzünden die älteren Kinder oder die Erzieherin die Teelichte. Dabei gilt es, die Leucht-Bilder „von innen nach außen" zu entzünden, sodass keine Verbrennungsgefahr für die Kerzen-Anzünder besteht. Wenn es ganz dunkel ist, werden sie sichtbar: Kleine Kunstwerke aus Licht!

Lea bastelt einen Engel

Lea sitzt am Küchentisch und versucht, einen Engel aus Knete zu formen. Vor ihr liegt ein geschnitzter Holzengel, den ihr ihre Oma geschenkt hat. Leas Vater bereitet gerade das Essen vor, als Leas großer Bruder Daniel in die Küche kommt: „Was machst du denn da, kleine Schwester?" „Ich bastle einen Engel für Lotte. Aber das ist gar nicht so leicht", meint Lea.

Daniel lacht: „Tss – dieser Knetklumpen sieht doch nicht wie ein Engel aus!" Lea denkt: Brüder können so gemein sein! Aber bevor sie richtig wütend werden kann, greift ihr Vater ein: „Na, Daniel, dann erzähle uns doch mal, wie ein Engel aussieht! Du scheinst das ja ganz genau zu wissen."

Lea spitzt die Ohren. Sie ärgert sich nur noch ein bisschen über ihren frechen Bruder. Daniel kratzt sich ratlos am Kopf: „Wie soll ein Engel schon aussehen? Engel haben lange Locken, dicke Backen und große Flügel. Und sie haben so eine Art weißes Nachthemd an." „Hast du denn schon mal einen Engel gesehen?, fragt ihn der Vater. „Natürlich nicht!" erwidert Daniel entrüstet, „Engel kann man doch gar nicht sehen! Die gibt es doch nur in den Geschichten, in denen es um Gott geht und so. Eins verstehe ich aber nicht so ganz. Wir haben heute in Religion in der Bibel gelesen, da haben die Engel gesagt: ‚Fürchtet euch nicht!' Warum soll man sich vor so einem Engel denn fürchten?" „Tja", meint der Vater, „das weiß ich auch nicht so genau. Ich glaube, diese Engel in der Bibel kommen immer sehr plötzlich und erscheinen in einer Wolke aus Licht. Deshalb erschrecken immer alle davor. Sagt mal – was machen Engel denn überhaupt?" Da weiß Lea Bescheid: „Also, der Engel von Oma passt nachts immer auf mich auf. Und der Weihnachtsengel sagt den Hirten, dass sie zur Krippe loslaufen sollen, um dort das neu geborene Jesuskind zu besuchen. Und manchmal sagt auch Mama zu mir, dass ich ein Engel bin." Daniel lacht: „Du bist doch kein Engel, du bist doch meine Schwester!" Lea ärgert sich, diesmal aber richtig. Der Vater nimmt beide Kinder in den Arm und drückt sie ganz fest. Da geht es Lea schon besser. „Wisst ihr was?", meint er, „Manchmal seid ihr beide echte Engel. Jeder, der anderen hilft, ist doch so etwas wie ein Engel, oder? Und die besten Engel seid ihr, wenn ihr jetzt die Bastelsachen zur Seite räumt, den Tisch deckt und wir alle endlich zusammen essen. Und nachher zeige ich euch ein paar Bilder von Engeln, wie verschiedene Maler sie gemalt haben. Vielleicht haben wir dann auch eine gute

Idee, wie wir schöne Engel basteln können. Außerdem können wir mal überlegen, ob wir schon einmal hilfreiche ‚Engel' getroffen haben oder wie wir selbst ‚Engel' sein können."

Impulsfragen:
- Wer war schon einmal ein „Engel" für jemand anderen?
- Wer hat Hilfe durch einen „Engel" erfahren?
- Wie stellen sich die Kinder Engel vor?
- Wie können wir „Engel" für andere sein?

Weiterführende Aktionen:
- Betrachten von Engels-Darstellungen in der Kunst.
- Engel oder Erlebnisse mit „hilfreichen Engeln" malen

Aktion

Ein Engel für andere sein

Materialien: Papier (DIN A5) in Dunkelblau, weiße Fingerfarbe, dicke Pinsel, Wasser, Bastelunterlagen, Papier- und Folienreste, Wachsmalstifte, Stoffreste / Gardinenstoff / Tüll, Tortenspitze, Engelshaar oder Filzwolle, Klebstoff, Scheren

So geht's: Jedes Kind überlegt, für wen es in der Adventszeit ein „Engel" sein möchte und was es konkret für dieses Kind tun kann: Sein Vesper teilen, eine Geschichte erzählen, ein Spiel spielen, etwas basteln und verschenken. (Alternativ können die Kinder und „Engel" über ein Losverfahren zusammenfinden.) Jedes Kind pinselt eine Hand mit weißer Farbe ein und druckt sie auf dem Papier ab, dabei den Daumen und den kleinen Finger jeweils etwas abspreizen. Die Erzieherin notiert das Hilfsangebot – nach Kinderdiktat – auf dem Blatt. In einem gemeinsamen Abschluss erhält jedes Kind von einem anderen einen „Engel".
Zur Ausgestaltung des Engels den getrockneten Abdruck so drehen, dass die Finger nach unten zeigen (sie stellen Flügel und Gewand des Engels dar). Den Kopf des Engels über der Handwurzel dazumalen und mit weiteren Materialien ausgestalten. Die Erzieherin notiert das Hilfsangebot – nach Kinderdiktat – auf dem Blatt. Zum Abschluss erhält jedes Kind von einem anderen einen „Engel".

Wer bringt die Geschenke?

Nikolaus

Der Heilige Nikolaus geht vermutlich auf die historische Figur des Bischof von Myra (heutige Türkei) zurück (siehe auch S. 22). Nikolaus-Geschenke sind seit dem 15. Jahrhundert üblich, anfangs in (Nikolaus-)Schiffen, später in Schuhen, Strümpfen, Stiefeln und auf dem Gabenteller. Zu dem „guten" Nikolaus gesellen sich häufig Begleiter, die die „bösen" Kinder (mit der Rute) strafen. Sie heißen u. a. Krampus, Knecht Ruprecht, Pelznickel. Die Attribute des Nikolaus sind Mitra (Bischofsmütze), Bischofsstab und -mantel.

Christkind

Das Christkind ist der „Gegenentwurf" der protestantischen Kirche zur Figur des Heiligen Nikolaus. Luther und andere Reformatoren lehnten die Heiligenverehrung ab, der „Heilige Christ" war nun Überbringer der Geschenke und überprüfte das religiöse Wissen der Kinder. Die Bescherung wurde zudem vom 6. Dezember auf den 1. Weihnachtstag verlegt. Aus dem „Heiligen Christ" wurde das „Christkind", das sich mehr und mehr mit der Person des neugeborenen Jesuskindes vermischte.

Weihnachtsmann

Auch die Figur des Weihnachtsmannes entstand im 16. Jahrhundert in den reformierten Gebieten. Sein Äußeres ist in Anlehnung an die Gestalt des heiligen Nikolaus entstanden und hat sich über die Jahrhunderte stets gewandelt. Die bekannteste Darstellung ist die eines älteren, weißhaarigen und -bärtigen Mannes in einem Gewand mit weißem Pelzbesatz und Bommelmütze. Die Farbe der Kleidung war lange Zeit variabel und reichte von blau über grün bis rot. Er trägt seinen Geschenkesack huckepack und eine Rute in der Hand, ist also eine Mischung aus dem „lieben" Nikolaus und dem strafenden Knecht Ruprecht. Der Coca-Cola-Konzern entdeckte den Weihnachtsmann in den 30er Jahren als Werbeträger für die Weihnachtszeit: Die Coca-Cola-Farben Rot und Weiß für den Mantel des Weihnachtsmannes prägen deshalb bis heute unsere Vorstellung vom Weihnachtsmann.

Kling, Glöckchen, Kling!

Singen, Lauschen, Spielen, Tanzen

Glockenläuten, feierliche Advents- und Weihnachtslieder, Tänze um den Weihnachtsbaum: Mit Musik und Tönen aller Art erleben Kinder (und Erwachsene) die Adventszeit mit all ihren Sinnen und dem ganzen Körper. Musik und Tanz sind Möglichkeiten, um Gefühlen Ausdruck zu verleihen. Im gemeinsamen Singen erleben sich Kinder als wichtigen Teil der Gruppe. Dabei steht die Perfektion der Darbietung im Hintergrund, wichtig ist die Freude an der gemeinsamen Aktivität: Nun singet und seid froh!

Ich bin ein kleiner Hirte

Melodie: Ich bin ein kleiner Tanzbär und komme aus dem Wald

1. Ich bin ein kleiner Hirte und folge diesem Stern.
   Er leuchtet mir so helle, er leuchtet mir von fern.

   Refrain:
   Ich tanz' jetzt nach Bethlehem,
   will springen und im Kreis mich dreh'n.
   Zur Krippe hin mit leichtem Schritt –
   und dich, dich nehm' ich auch noch mit!

2. Wir sind zwei kleine Hirten und folgen diesem Stern.
   Er leuchtet uns so helle, er leuchtet uns von fern.

   Refrain:
   Wir tanzen jetzt nach Bethlehem,
   woll'n springen und im Kreis uns dreh'n.
   Zur Krippe hin mit leichtem Schritt –
   und dich, dich nehmen wir auch noch mit!

3. Wir sind drei kleine Hirten ... (usw.)

So geht's: Die Kinder stehen im Kreis, in der Mitte steht der erste Hirte. Er singt sein Lied. Beim Refrain hüpft und tanzt er im Kreis herum. Die Kinder im Außenkreis können dazu rhythmisch klatschen. Am Ende des Refrains bleibt der Hirte vor einem Kind stehen und bestimmt ihn als Weggenossen. Beide stellen sich in die Kreismitte und singen zu zweit die nächste Strophe. Beim Refrain fassen sich beide an den Händen und tanzen zusammen. Diese beiden suchen sich nach der dritten Strophe einen dritten Hirten usw. Die Gruppe der Hirten wird so immer größer, bis am Ende alle freudig tanzen.

Tipps:
- Am besten tanzen die Kinder immer paarweise, maximal zu dritt.
- Die Außenkreislinie zur Orientierung auf den Boden zeichnen.

Auf der Suche nach dem Weihnachtsstern

3 +

Materialien: Orff-Instrumente

Geschichte:

Die Adventszeit rückt näher. Die **Sterne** versammeln sich am Himmel, sie warten darauf, dass endlich der Weihnachtsstern mit seinem großen Sternenschweif zu ihnen kommt. Die **Sterne** rufen: „Weihnachtsstern, es ist höchste Zeit, dass du kommst!" Aber der Weihnachtsstern meldet sich nicht.

Der **Wind** hat die Rufe der Sterne gehört. Mit Gebrause kommt er angerauscht und wirbelt mit einem kräftigen **Wind**stoß alle **Sterne** durcheinander: „Was ist los? Habe ich richtig gehört, dass ihr den Weihnachtsstern nicht findet? Ich werde zu meinen Freunden, den Wolken reisen und sie fragen, ob sie ihn gesehen haben. Dann kommen sie zu euch und sagen euch Bescheid." Diesmal halten sich die **Sterne** aneinander fest, als der **Wind** sich verabschiedet.

Als erstes trifft der **Wind** eine **dicke, dunkle Wolke**. Sie grummelt und donnert: „Diese vielen Sterne sind eine Plage. Kein Wunder, dass sie in dem großen Haufen den Weihnachtsstern nicht finden. Ich habe ihn jedenfalls auch nicht gesehen," und verabschiedet sich mit lauten Krachen.

Aber auch bei den **kleinen, weißen Schäfchenwolken** hat der Wind kein Glück. Sie versprechen aber, auf dem Weg zu den Sternen den Mond um Rat zu fragen. Als die **kleinen, weißen Schäfchenwolken** beim großen, dicken **Vollmond** ankommen, hat dieser schon von der Suche nach dem Weihnachtsstern gehört. Er sagt: „Viele kleine Lichter zusammen werden zu einem großen Licht." Mehr sagt er nicht, auch wenn die **kleinen, weißen Schäfchenwolken** weiter auf ihn einreden. Schnell machen sich die **Schäfchenwolken** auf den Rückweg zu den Sternen.

Dort berichten sie vom **Wind**, der **schwarzen Gewitterwolke** und vom **Mond**. Als die **Sterne** aber hören, was dieser gesagt hat, sind sie verzweifelt: „Was sollen wir nur machen? Wenn selbst der Mond nicht weiß, wo der Weihnachtsstern steckt, sind wir verloren. Dass er aber auch immer in Rätseln sprechen muss: Viele kleine Lichter werden zu einem großen Licht." Die **Sterne** reden aufgeregt durcheinander bis sich schließlich der **kleinste der Sterne** zu Wort meldet: „Vielleicht ist die

Lösung ganz einfach: „Wenn viele kleine Sterne, die die Menschen von der Erde aus kaum sehen können, sich zusammentun, dann können sie zu einem großen Weihnachtsstern mit Sternenschweif werden. Wir müssen nur gut zusammenhalten und uns alle aufeinander verlassen können."

Gesagt, getan: Die **Sterne** versammeln sich. Der allerkleinste unter ihnen weist sie an, wie sie sich anordnen sollen. Zunächst entsteht der Stern, dann der große **Sternenschweif**. Es sind so viele kleine Sterne, dass der **Sternenschweif** riesig groß wird. Ganz zum Schluss schlüpft auch der **allerkleinste Stern** in den **Sternenschweif**. Die **Sterne** funkeln um die Wette vor Stolz und Freude. Die Menschen auf der Erde aber staunen über den besonders hellen **Sternenschweif**, der so kräftig schillert und blinkt. Fast so, als würde er aus ganz vielen kleinen Lichtchen bestehen.

So geht's: Die Erzieherin liest die Geschichte vor. Die Kinder hören zu, schließen vielleicht die Augen, um sich besser konzentrieren zu können. Anschließend stellt die Erzieherin eine Kiste mit Orff-Instrumenten in die Mitte. Gemeinsam mit der Erzieherin überlegen die Kinder und probieren aus, welches Instrument, bzw. welcher Klang zu welchem Stichwort in der Geschichte passt. Die Erzieherin erzählt anschließend die Geschichte nochmals, die einzelnen Kinder (am besten hat jedes Kind seinen Einsatz) stimmen an den passenden Stellen mit ihren Instrumenten ein. Bei einer vorher vereinbarten Handbewegung der Erzieherin beenden die Kinder jeweils ihren musikalischen Einsatz.

Vorschläge für die Instrumentierung:

Sterne	Glockenspiel oder Klangstäbe in unterschiedlicher Tonhöhe
kleinster Stern	hellster Klangstab oder Triangel
Wind	mit der Hand auf dem Fell der Handtrommel reiben, durch die Zähne „pfeifen"
dunkle Gewitterwolke	Tamburin, Rasseln, Klanghölzer (als Donnerschläge)
weiße Schäfchenwolke	Rührtrommel
Mond	langsame Schläge auf der Handtrommel
Kometenschweif	Regenmacher oder viele helle Triangeln

Lautenklang

3 +

Materialien: kleine Kistchen ohne Deckel aus Plastik (Frischkäse) oder Holz (Zigarrenkisten), leere Toilettenpapierrollen, Haushaltsgummis unterschiedlicher Breite und Elastizität, evtl. Weinkorken, Schere, Küchenmesser (für die Erzieherin)

So geht's: Die Gummibänder über die Kiste spannen. Daran wie an Saiten zupfen. Oder eine leere Toilettenpapierrolle an den Enden mit zwei etwa 1,5 cm tiefen, gegenüberliegenden Einschnitten versehen. Ein Haushaltsgummi um die Toilettenpapierrolle längs herum spannen, dabei das Gummiband in die Schlitze in der Rolle führen. Einen Weinkorken mit einem guten Küchenmesser der Länge nach halbieren. Dieses Korkenstück unter das Haushaltsgummi klemmen. Durch Verschieben des Korkenstücks lässt sich die Tonhöhe leicht variieren.

Kling-Klang-Klong

4 +

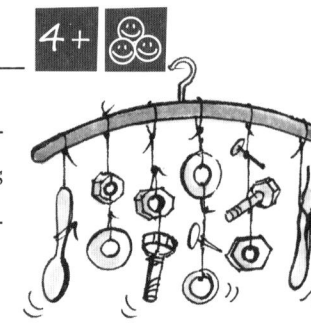

Materialien: Kleiderbügel, dünne Paket- oder Nylonschnur, Klebeband, Stock oder Löffel, verschiedene kleinere Gegenstände aus Metall (alte Schlüssel, Löffel, Unterlegscheiben, Schrauben mit dickem Kopf, Glöckchen, ...)

So geht's: Den Kleiderbügel so aufhängen, dass die Kinder problemlos daran arbeiten können. Die einzelnen Gegenstände jeweils an einem Stück Faden oder Schnur befestigen. Hier helfen sich am besten zwei Kinder. Diese Schnüre an den Kleiderbügel knoten, eventuell mit Klebeband gegen ein seitliches Hin- und Herrutschen sichern. Die Metallstückchen sollen etwa auf einer Höhe und mit etwas Abstand zueinander am Bügel hängen. Mit einem Stock, der Hand oder einem Gegenstand aus Metall das „Kling-Klang-Klong" in Bewegung und zum Klingen bringen.

Handtrommel

Materialien: Blumentopf (ø 20–30 cm), Elefantenhaut-Papier, Bleistift, Lineal und Schere, Tapetenkleister, dicker Pinsel, Haushaltsgummi, bunte Bänder

So geht's: Den Blumentopf mit der Öffnung auf die Elefantenhaut legen, einen Kreis markieren (Abstand zum Topfrand rundum jeweils 5 cm) und ausschneiden. Den Kreiszuschnitt beidseitig mit Wasser anfeuchten, mit Tapetenkleister bestreichen (Plastikunterlage verwenden). Den Rand des Blumentopfes ebenfalls einkleistern. Die Elefantenhaut über die Öffnung legen, spannen und den Rand rundherum nach unten gegen die Wand des Blumentopfes drücken. Den Papierrand zusätzlich mit einem Gummiband fixieren. Eventuell entstehende Falten auf der Trommel-Oberfläche glätten! Langsam durchtrocknen lassen. Wer mag, kann den Blumentopf mit Acrylfarben farbig gestalten oder bunte Schnüre um den Rand binden. Beim Spielen die Trommel so aufstellen oder halten, dass die untere Öffnung nicht verschlossen wird. Die Trommel kann mit den Händen oder mit einem Schlägel (Orff-Instrumente) bespielt werden.

Rassel

Materialien: je zwei leere Jogurtbecher mit gleichem Durchmesser, breites Klebeband, Tapetenkleister, Transparent- oder Geschenkpapier, verschiedene Füllungen (Sand, Leinsaat, trockene Linsen, Perlen,...)

So geht's: In einen Becher eine Sorte Füllung geben. Den zweiten Becher mit der Öffnung auf den anderen stülpen. Die Ränder der Becher mit Klebeband gut miteinander verbinden. Wer mag, kann die Rassel mit (wenig) Papier verschönern.

Kerzentanz

4 +

Materialien: ein Teelicht im Glas für jedes Kind, Transparentpapier (gelb, orange, rot), Tapetenkleister, CD-Player und CD, verdunkelbarer Raum

Vorbereitung: Eine Gruppe mit 12 Kindern bilden. Transparentpapier in Stückchen reißen und je vier Gläser in einer Farbe mit dem angerührten Tapetenkleister bekleben, trocknen lassen. Auf dem Boden des Raumes entsprechend 12 Punkte (je nach Bodenbeschaffenheit mit Klebeband oder Kreide) auf einem Kreisbogen (Ø ca. 6 m) markieren, an denen die Kinder sich später aufstellen.

Musikvorschlag: „Adiemus" (aus „Songs of Sanctuary") von Karl Jenkins, z. B. interpretiert von Enya; alternativ eine andere langsame Melodie im ¾ Takt

Schrittfolge: Rechts, links, rechts antippen; rechts, links, rechts antippen. Diese „komische Art" des Gehens mit den Kindern im Vorfeld, am besten schon zur Musik, üben. (Bei dem Musikstück von Enya gibt der Paukenschlag auf der ersten Note eines jeden Taktes hierfür eine gute akustische Orientierung.) Die Kerzen mit beiden Händen vor dem Körper etwa auf Bauchhöhe halten, wenn nicht anders beschrieben.

Vorspiel + Takt 1–12: Die Kinder nehmen nacheinander ihr entzündetes Teelicht im Glas in beide Hände und halten es vor dem Körper. Sie schreiten einmal einen Kreisbogen (Markierung!) ab, bis sie an ihren Platz kommen. Wenn man sich das Zifferblatt einer Uhr vorstellt, treten alle Kinder bei 12.00 Uhr in den Kreis, das erste Kind läuft alle Ziffern ab, bis es bei der 11 angelangt ist, das zweite läuft bis zur 10, usw. Dabei wechseln die Farben der Kinder in der Aufstellung ab (gelb, orange, rot). Die Kinder stellen sich so auf, dass ihre rechten Schultern in den Kreis zeigen. Die Kinder mit den roten Lichtern stehen auf 3, 6, 9, 12 des Zifferblattes.

Takt 14–16: Die Kerzen in die linken (also die äußeren) Hände nehmen, sie einen Takt lang langsam nach oben, während des nächsten Taktes nach unten bewegen. Ein Takt Pause, in der die Kinder die Schrittfolge auf dem Platz ausführen.

Takt 17–19: Im Uhrzeigersinn im Kreis gehen (17+18). Ein Takt Pause (s. o.)

Takt 20+21: Sich einmal halb um die eigene Achse drehen. Nun zeigt die linke Schulter in den Kreis. Ein Takt Pause (s. o.)

Takt 22–24: Die Kerzen in der rechten Hand halten, sie einen Takt lang langsam nach oben, im nächsten Takt nach unten bewegen. Ein Takt Pause (s. o.)

Takt 24–26: Gegen den Uhrzeigersinn im Kreis zu den Ausgangspunkten zurückgehen (24+25). Ein Takt Pause (s. o.)

Takt 27+28: Sich auf der Stelle mit dem Bauch in die Mitte des Kreises drehen. Ein Takt Pause.

Takt 29+30: Mit den gelben Kerzen im Grundschritt in die Mitte des Kreises, sozusagen aufeinander zugehen. Dabei die Kerzen bei jedem Schritt etwas höher halten. Ein Takt Pause (s. o.)

Takt 31+32: Zu den Ausgangspunkten zurückgehen. Ein Takt Pause (s. o.)

Takt 33–40: Wie Takt 29–32, aber zuerst mit den orangen und dann mit den roten Kerzen. Die Kinder im Kreis führen währenddessen Schrittbewegungen an ihren Plätzen aus.

Takt 45+46: Die gelben Kerzen in drei Stufen etwas nach oben (45), im zweiten Takt wieder auf Bauchhöhe herunternehmen (46).

Takt 47–50: Wie Takt 45+46, aber zuerst mit den orangen und dann mit den roten Kerzen.

Takt 51 ff.: Das Kind, welches „auf der 12" steht, dreht sich langsam aus dem Kreis und geht im Grundschritt in Richtung Türe. Das Kind „auf der 11" folgt ihm im nächsten Takt auf gleiche Weise. So reihen sich nach und nach alle Kinder hintereinander ein und gehen langsam aus dem Raum. Die Musik langsam ausblenden, während das letzte Kind den Raum verlässt.

Tipps:
- Dunkle Kleidung lässt die Kerzen noch heller scheinen
- Den Tanz bei Tageslicht üben. Danach immer mehr verdunkeln, bis die Kinder die einzelnen Schritte auch fast ohne Licht vollziehen und sich orientieren können.
- Den Kerzentanz nach Möglichkeit filmen. So erkennen die Kinder bei den Proben, wo – sollte der Tanz zur Aufführung kommen – noch Übungsbedarf besteht.

Kamm-Kazoo

Materialien: Kamm, Butterbrotpapier, Schere, Lineal, Bleistift

So geht's: Ein Stück Butterbrotpapier so zurechtschneiden, dass es einmal den Kamm ummantelt. Das Papierstück in der Mitte falten und über die Zinken legen. Das Papier etwas straff ziehen, den Kamm vor die Lippen halten und sozusagen „gegen das Papier singen". Das Papier wird in Schwingungen versetzt, es kitzelt auf den Lippen – und der Ton klingt scheppernd.

Tipp: Die Kinder können auch mit anderen Ummantelungen experimentieren, z. B. Mit Alu- oder Plastikfolien (Verpackungen von Papiertaschentüchern).

Lied

Mache dich auf und werde licht

Text: Jes. 60,1; Melodie: Jesus-Bruderschaft, Gnadenthal; © Präsenz-Verlag, Gnadenthal

So geht's: Das Lied zunächst einstimmig, später eventuell auch als Kanon singen. Das Lied kann maximal 4-stimmig gesungen werden, die Einsätze erfolgen jeweils nach einer Zeile – also nach „licht". Es eignet sich gut zum morgendlichen Singen in der Kita oder auch als Einstimmung oder Abschluss für eine Kerzenmeditation o. Ä.

Was tun wir denn so gerne im Advent?

1. Was tun wir denn so ger - ne im Ad - vent, was

tun wir denn so ger - ne im Ad - vent? Sin-gen, sin-gen

la la la la la, sin-gen, sin-gen, la la la la la.

Refrain:

Was tun wir denn so gerne im Advent? (2x)

1. Singen, singen, la-la-la-la-la. (2x)

2. Schneiden, schneiden, schnipp-di, schnipp-di, schnapp. (2x)

3. Malen, malen, kritzel-kratzel, klecks. (2x)

4. Nüsse knacken, knickel-knackel, knack. (2x)

5. Teig ausrollen, rolle-rolle, rall. (2x)

6. Plätzchen naschen, knusper-knasper, schleck. (2x)

7. Päckchen packen, picke-packe, pack. (2x)

Nach jeder Strophe folgt der Refrain. Dabei gehen die Kinder im Kreis, fassen sich an den Händen und singen. Bei den einzelnen Strophen stehen die Kinder im Kreis und klatschen rhythmisch in die Hände (Viertelnoten). Bei jeder Strophe stellen die Kinder das Gesungene pantomimisch dar. Vereinbaren Sie bestimmte Bewegungen in der Gruppe.

Und es begab sich ...

Geschichten, Theater & Gedichte

Die dunkle Winterszeit ist die Zeit der Geschichten und Gedichte. In der Gruppe werden sie erzählt, erfunden, ausgeschmückt, variiert oder kurzerhand nachgespielt. Vielleicht entsteht sogar ein aufführungsreifes Schauspiel? Wichtig ist vor allem, dass die Kinder mit Freude Sprache erleben, neue Wörter entdecken und sich darin üben, ihren Gedanken und Vorstellungen Ausdruck zu verleihen.

Die vier Kerzen

So geht's: Zum Einstieg könnte die Erzieherin fragen: „Was glaubt Ihr, wenn die Adventskranz-Kerzen sprechen könnten – worüber würden die sich wohl unterhalten? Passt mal gut auf, dann könnt ihr hören, was sie sagen:"

Die erste Kerze sagt: „Ihr müsst noch warten! Es dauert noch."	Die Hand ist zur Faust geschlossen, der Handrücken zeigt Richtung Boden, der Daumen liegt unter den übrigen vier Fingern. Den Zeigefinger in die Höhe strecken (wie eine Kerze).
Die zweite meint: „Da bin ich doch."	Den Mittelfinger in die Höhe strecken.
Die dritte wispert: „Es duftet schon nach Zimt und Nelken. Bald ist es so weit!"	Den Ringfinger in die Höhe strecken. Nach dem Spruch tief durch die Nase einatmen, „schnuppern".
Die vierte jubelt: „Wir sind bereit!"	Den kleinen Finger in die Höhe strecken.
„Bald schon, da ist Weihnachtszeit, am Baum sind noch mehr Kerzen bereit. Sie glitzern und strahlen so wie wir, wir vier."	Alle vier Finger freudig bewegen, der Daumen bleibt eingeklappt.

Adventsgeschichten-Erfinder-Kiste

Materialien: farbige Zettel und Stifte, Wolle oder Geschenkband, Geschenkpapier und Kleister, Schuhkarton mit Deckel, evtl. PC, Scanner, Papier

Vorbereitung: Die Erzieherin gestaltet Schuhkarton und Deckel weihnachtlich mit Geschenkpapier und Kleister. Auf die Zettel schreibt und malt sie je einen Begriff zum Thema Advent (1–3 Zettel pro Kita-Tag bis Weihnachten). Jeden Zettel zusammenrollen und verschnüren.

So geht's: Die Kinder sitzen um den geschlossenen Schuhkarton herum. Was sich wohl darin verbirgt? Die Erzieherin öffnet den Kasten, die Kinder entdecken die Papierrollen und das Rätselraten geht weiter. Nun darf ein Kind (oder – je nach Anzahl der Begriffe – auch mehrere) ein Papier entnehmen und es öffnen. Es nennt den dort abgebildeten Begriff bzw. die Erzieherin liest ihn vor. Vermutlich entwickeln die Kinder die Idee, dass sie mit dem Wörterschatz im Karton eine Geschichte erfinden können. Die Erzieherin schreibt die ersten Sätze der Geschichte nach Diktat auf. Jeden Tag liest sie die Geschichte vor, die Kinder öffnen neue Papierrollen und führen die Geschichte weiter.

Tipps und Varianten:

- Die Kinder sammeln selbst Advents- und Weihnachtswörter.
- Die Kinder illustrieren die Geschichte und machen daraus kleines Buch.
- Werden neben Nomen auch Adjektive und Verben verwendet, macht das die Geschichte lebendiger (die verschiedenen Wortarten auf Zetteln unterschiedlicher Farbe notieren, sodass von jeder Sorte eine gezogen werden kann).

Wörtervorschläge für die Geschichten-Kiste
Nomen: Lebkuchen, Nüsse, Kerzenschein, Licht, Eis, Schnee, Weihnachtsbaum, Adventskranz, Kerzen, Stern, Nikolaus, Schokolade, Überraschung, ...
Adjektive: eiskalt, funkelnd, lecker, geheimnisvoll, glänzend, dunkel, ungeduldig, neugierig, traurig, beschäftigt, schneebedeckt, stocksteif, heimlich, ...
Verben: warten, hoffen, naschen, basteln, wünschen, schenken, verstecken, ausdenken, grübeln, backen, spicken, betrachten, lauschen, ...

In einem Stall in Bethlehem

In einem Stall in Bethlehem,	Mit beiden Händen einen Dachgiebel andeuten.
da gibt es allerhand zu seh'n:	Eine Hand an die Stirn legen und „spähen".
Der Ochse trägt zwei Hörner,	Beide Zeigefinger seitlich wie zwei Hörner an den Kopf legen.
der Esel frisst die Körner.	Kaubewegungen mit dem Mund ausführen.
Maria, Josef und das Kind,	Bei jeder Person einen weiteren Finger (am Ende sind es drei) zeigen.
sie frier'n im eisig kalten Wind.	Mit der Hand den jeweils anderen Oberarm reiben, als würde man frieren.
Der tobt gewaltig um den Stall.	Wie der Wind heulen, pusten.
Da macht es einen großen Knall!	In die Hände klatschen.
Die Tür springt auf,	Mit der Hand eine sich öffnende Tür andeuten, dabei „knarren".
wer kommt denn da?	Hände fragend in die Höhe halten, Schultern zucken.
Es ist die große Schäfchenschar.	Die Finger mehrfach wie beim Zählen zeigen, um eine große Anzahl anzudeuten.
Zum Jesuskind geh'n sie geschwind;	Mit den Fingern der einen Hand von der Schulter zur Faust über den anderen Arm laufen.
jetzt wärmen sie das kleine Kind.	Die Faust (sie symbolisiert das Kind) umschließen und wärmen.
Wie gut, dass es so viele sind!	Alle Kinder blöken wie eine Schafherde.

Die Tiere kommen zum Jesuskind

5+

Materialien:

Für die Bühne

Weißes Bettlaken o. Ä., 2 Holzlatten (L 4 m) und Nägel oder Wäscheleine mit Klammern, verdunkelbarer Raum, starke Lichtquelle, evtl. farbige Scheinwerfer

Für die Kostüme

Papier, Pappe, Eierkarton, Draht und Zange, alte Mützen oder Stirnbänder, Stoffreste, Wollreste, Schaffelle, Klebstoff und Schere, Nadel, Faden, Gummifaden

Aufbau der Bühne

Variante 1: Den Baumwollstoff am oberen Ende je mit einer Holzlatte verstärken (mit Leim aufkleben), damit er an den Rändern keine „Wellen" schlägt und diese „Stoffwand" an Haken oder festen Ständern mit Schnüren befestigen, ggf. nachspannen.

Variante 2: Quer durch den Raum eine Wäscheleine spannen, das Laken darüberhängen und mit Wäscheklammern befestigen. (Oder mit der Nähmaschine am oberen Rand einen „Tunnel" nähen und eine Schnur hindurchziehen.)

Das Tuch muss für das Schattentheater bis auf den Boden reichen und möglichst gespannt sein. Die Lichtquelle steht auf der Seite der Schauspieler, die Zuschauer befinden sich auf der anderen Seite des Lakens.

Experimentierphase

Zunächst experimentieren die Kinder mit Licht und Schatten: Werden die Schatten größer oder kleiner, wenn ein Kind nah an der Leinwand oder weiter entfernt steht? Sind die Umrisse immer scharf? Was genau sieht man auf der Leinwand? Was passiert mit den Farben? Danach stellt die Erzieherin den Text vor und alle überlegen, wie die einzelnen Tiere dargestellt werden können. Neben den Möglichkeiten, bestimmte körperliche Merkmale mit Hilfe von Kostümen zu zeigen, gilt es, tiertypische Bewegungsmuster zu entwickeln: Wie hoppelt der Hase? Wie schleicht die Katze? An welchen Bewegungen erkennt ihr einen Hund?

Kostümierung

Hasen- und Eselsohren entstehen aus Drahtschlaufen, die mit einer alten Socke überzogen werden. Diese an einer Mütze festnähen. Für das Hasenschwänzchen einen Pompon oder einen kleinen Schaumstoffball am Oberteil des darstellenden Kindes mit einer Sicherheitsnadel befestigen. Katzenohren können aus Eierkarton-Stücken entstehen, die ein Gummifaden am Kopf hält. Die Hirten mit Stöcken und Hüten, Maria mit einem langen Tuch und Josef mit einer (Papier)-Laterne ausstatten. Hier gibt es viele Möglichkeiten, die möglichst direkt in ihrer Wirkung als Schatten ausprobiert werden sollten.

Bühnenbild

Aus Papier einen Stall andeuten, der (in der Breite) etwa die Hälfte der Leinwand ausmacht. Diesen mit Stecknadeln befestigen. Ebenso einen „Bethlehem-Stern" anfertigen, eventuell mit Ausschnitten oder Prick-Löchern versehen, damit er schöner leuchtet. Den Schatten der Krippe entweder auch aus Papier oder mit einem Hocker und einem Kissen erzeugen.

Proben

Auch während der Proben ist es gut, wenn ein Teil der Kinder die Szenen als Publikum erlebt. So können sie das Spiel der anderen korrigieren, aber auch selbst erkennen, worauf sie beim Spiel achten müssen: Sich im Profil zeigen, hinter- und nicht nebeneinander stehen, den Abstand zum Leintuch beachten. Die Erzieherin klärt mit den Kindern, wo jedes Kind später seinen Platz auf der Bühne findet, diesen eventuell mit Klebeband markieren, Tiersymbol aufzeichnen.

Das Stück

Die Erzieherin kann den Text vorlesen und die Kinder mimen dazu, oder die Kinder sagen ihre Strophe auf. Dies können die Kinder auch individuell entscheiden. Auf der Bühne zu sehen sind: Stall, Stern, Krippe mit Jesuskind („feste" Schatten aus Papier) sowie Maria, Josef, Esel und Ochse (Schauspieler).

Der kleine graue Esel, er ruft laut: „Iah!" Wartet schon im dunklen Stall auf der Tiere Schar.	Der Esel ruft mehrmals „iah" und schaut zum Stall hinaus.
Auch der dicke Ochse, in der kalten Nacht, wärmt mit seinem Bauche das Kind, das fröhlich lacht.	Der Ochse ruft „muh" und wackelt mit seinem Kopf.
Es trippelt und es trappelt, die Mäuse sind im Stroh. Sie piepsen frech ihr kleines Lied und tanzen wild und froh.	Die Mäuschen piepsen und huschen herum, tanzen.
Der schlaue Hase hoppelt und spitzt die großen Ohren. Es tönt vom Himmel hoch: Ein Kind ist euch geboren!	Der Hase hoppelt heran, die Möhre in der Pfote. Er schaut nach oben, hält die andere Pfote an seinen „Löffel" und lauscht den Engelsstimmen.
Die Katze kommt geschlichen. Sie schnurrt, so freut sie sich! Dem Kind wärmt sie die Füße, der Wind pfeift bitterlich.	Die Katze schleicht in den Stall, maunzt, putzt sich. Legt sich zur Krippe.
Der Hund kommt angelaufen, von fern hört man „wauwau". Doch kaum sieht er das Kindlein, so stoppt er den Radau.	Der Hund kommt bellend zum Stall, schnuppert am Eingang. Im Stall hört er auf zu bellen und macht „Platz".

Viele kleine Schafe rufen ganz laut „Mäh!".
Sie drängen an die Krippe, in des Kindleins
Näh'.

Die Schafe blöken und drängen in den Stall, legen sich zur Krippe hin.

Alle Tiere freuen sich, sie singen jetzt ein
Lied. Jedes tönt auf seine Art, so wie es ihm
beliebt.

Jedes „Tier" gibt seine spezifischen Laute wieder. Der Hase könnte „hoppel, hoppel" sagen.

Der Stern, er zeigt die Richtung zu Mutter,
Vater, Kind.

Die Hirten hasten zum Stall, zeigen zum Stern. Sie haben Orff- oder selbst gebaute Instrumente dabei.

Nun singen sie zusammen, auch musizie-
ren sie. Sie klingt ganz ungewöhnlich, die
wilde Melodie.

Die Hirten musizieren auf ihren Instrumenten, die Tiere „singen" dazu.

Doch, psst! – Das Kind mag schlafen.
Ganz müde sieht es aus.
Wir singen ihm ein Weihnachtslied,
dann gehen wir nach Haus'.

Die Erzieherin gibt ein vorher vereinbartes Zeichen, um das „Konzert" zu beenden.

Tipps:
- Die Erzieherin stimmt im Anschluss an das Stück ein Weihnachtslied an, das sowohl die Kinder als auch das Publikum mitsingen können.
- Die Kinder können (mit etwas Hilfe) noch weitere Tier-Strophen erfinden.
- Es ist sinnvoll, dass während der Aufführung neben der Vorleserin mindestens eine weitere Erzieherin hinter der Bühne anwesend ist. Sie schickt die Kinder rechtzeitig zu ihrem Auftritt los und sorgt ggf. für Ruhe unter den noch wartenden Akteuren.
- Die Reihenfolge der Auftritte mit einer Bilderleiste (Tiere) anzeigen.

Adventsrap

Ad-vent	♩ ♩
Plätz-chen ba-cken	♩ ♩ ♩ ♩
Nüs-se kna-cken.	♩ ♩ ♩ ♩
Ster-ne ba-steln.	♩ ♩ ♩ ♩
Ker-zen bren-nen.	♩ ♩ ♩ ♩
Bald ist Weih-nachts-a-bend da!	♪ ♪ ♪ ♪ ♪ ♪ ♪

So geht's: Die Erzieherin klatscht den Kindern jeweils den Rhythmus vor und spricht den Text dazu. Zunächst klatschen die Kinder nur dazu, dann sprechen sie mit. (Achtung, nicht zu schnell beginnen, da sich die Notenwerte bis zum Ende immer halbieren!) Sind die Kinder in Text und Rhythmus sicher, können die einzelnen „Strophen" auch gleichzeitig gesprochen werden: Eine Gruppe beginnt mit „Ad-vent", die nächste setzt mit „Plätz-chen ba-cken" ein, während die „Ad-vent"-Gruppe weiterspricht. Zum Abschluss sprechen alle gemeinsam die letzten Strophe: „Bald ist Weihnachtsabend da!"

Varianten:
- Natürlich können die Kinder auch eigene Strophen erfinden.
- Wenn sich die Kinder in Gruppen an verschiedenen Stellen im Raum befinden, kann mit Laut-Leise-Effekten gearbeitet werden.
- Die Einsätze können durch Symbolkarten angezeigt werden.

Der Kipfel, der Kapfel ...

Weihnachtliche Düfte und Genüsse

Zimt, Nelken, Plätzchen- und Schokoladenduft: Die Adventszeit lädt zu Sinnesreisen, zum Kennenlernen der „adventstypischen" Gewürze und Aromen und natürlich zum Backen und Naschen ein. Auch der leckere Bratapfel darf nicht fehlen.

Sinnesreise mit Kakao

Zutaten:

- Vollmilch
- Kakao
- Chilipulver
- Muskatnuss (gemahlen)

- Koriander (gemahlen)
- Zimt (gemahlen)
- Vanillepulver
- Zucker

Küchen-Utensilien: Tasse, Topf, Kochplatte, Schneebesen, Teelöffel, Tassen für alle Kinder, zwei Tabletts, 5 Filmdosen, feiner Stoff, Haushaltsgummis, Glasschälchen,

Grundrezept für den Kakao: 4 EL Kakao, 2 EL Zucker, 1 l Milch

Vorbereitung: Für die „Schnupperdosen" kleine Proben der Gewürze je in eine Filmdose geben, mit einem Stück Stoff und einem Haushaltsgummi verschließen. Von jeder Gewürzsorte eine kleine Menge in ein Glasschälchen geben. Die Schälchen auf einem Tablett zur Seite stellen.

So geht's: Die Kinder sitzen im Sitzkreis um das Tablett mit den Schnupperdosen herum. Die Erzieherin lädt die Kinder zu einer Duftreise ein. Die Kinder schließen die Augen, die Dosen werden von Kind zu Kind weitergegeben, solange bis jedes Kind an allen Dosen einmal geschnuppert hat. (Achtung bei der Dose mit dem Chilipulver. Wenn die Kinder die Dose zu heftig bewegen, kann es sehr scharf riechen und die Augen reizen.) Die Kinder versuchen, ihre Eindrücke zu beschreiben. Vielleicht erkennen einige auch einzelne Gerüche. Die Erzieherin zeigt den Kindern auf dem zweiten Tablett die Glasschälchen mit den Gewürzen. Diese werden den Schnupperdosen zugeordnet. Die Kinder überlegen, in welchen Speisen oder Getränken sie diese Gewürze bereits kennengelernt haben.
Weiter geht es auf die Sinnesreise, jetzt ist der Geschmackssinn an der Reihe. Die Kinder kochen mit Hilfe der Erzieherin Kakao, oder die Erzieherin kocht den Kakao schon vor (je nach Alter der Kinder): Dafür das Kakaopulver mit Zucker und etwas Milch in einer Tasse mit einem Schneebesen anrühren. In einem Topf die restliche Milch unter Rühren (damit sie nicht anbrennt) erhitzen. Wenn die Milch dampft, das angerührte Kakaopulver hineingeben. Den Topf von der Platte nehmen, weiterrühren und etwas abkühlen lassen.

Jedes Kind erhält eine Portion Kakao in einer Tasse und kann nach Belieben ein oder zwei Gewürze sowie eventuell Zucker ergänzen. (Am besten portioniert eine Erzieherin die Gewürze, da wirklich Prisen genügen und die Schärfe der Chilischote von den Kindern unterschätzt wird.)

Tipp: Besonders spannend für die Kinder ist es, wenn sie die Gewürze nicht nur im gemahlenen Zustand, sondern auch als ganze Früchte kennenlernen. Eine Kakaofrucht ist schwer zu finden, aber beispielsweise in Weltläden oder Naturkostläden sind ganze Muskatnüsse (manchmal sogar mit Schale), Koriandersamen, Zimtstangen (die Rinde des Zimtbaumes), Vanilleschoten (fermentierte Kapsel) und Chilischoten erhältlich.

Rezept

Pflaumen im Mantel

  3 +

Zutaten:

- etwa 20 geschälte Mandeln
- 200 g weiße Kuvertüre
- 200 g Backpflaumen ohne Kern
- 200 g Kokosraspeln

Küchen-Utensilien: zwei Töpfe fürs Wasserbad, Gabeln, Backblech mit Backpapier

So geht's: In jede Pflaume eine Mandel stecken. Die Kuvertüre im Wasserbad schmelzen. Mit einer Gabel die Backpflaumen in die Kuvertüre tauchen, herausnehmen und in einen tiefen Teller mit Kokosraspeln legen. Mit Hilfe einer anderen Gabel darin wälzen. Zum Trocknen auf ein mit Backpapier ausgelegtes Blech legen.

Tipp: Als Geschenk die einzelnen Pflaumen in Papiermanschetten (für Pralinen) legen.

Brata pfel

Zutaten (für 4 Kinder):

- 4 Äpfel (am besten eine säuerliche Sorte, z. B. Boskop)
- 50 g Mandelstifte (oder Pistazien oder Walnüsse)
- 50 g Rosinen
- 4 EL Johannisbeerkonfitüre oder Honig
- etwas Zimt
- etwas Butter für die Form

Küchen-Utensilien: Küchenmesser und Schneidebrettchen, Apfelausstecher, Teelöffel, feuerfeste Auflaufform

So geht's: Die Äpfel waschen, das Kerngehäuse entfernen. Die übrigen Zutaten miteinander vermischen. Die Auflaufform mit Butter einfetten. Die Äpfel in die Auflaufform stellen, sodass eine der Öffnungen nach oben zeigt. Die Füllung mit einem Löffel anstelle des Kerngehäuses in den Apfel füllen, ggf. mit dem Ende eines Holzkochlöffels hineindrücken.

Die Äpfel bei 180°C (je nach Größe der Äpfel) etwa 20 Minuten garen.

Vor dem Verzehr etwas abkühlen lassen, für die Kinder eventuell in Stücke schneiden. Lecker schmecken die Bratäpfel mit Vanillesauce.

Tipps:

- Die Äpfel halbieren, das Kerngehäuse ausschneiden und diese als Bratäpfel weiter verarbeiten. So sind die Portionen kleiner und damit kindgerechter, eventuell ist aber mehr Füllung nötig.
- Mit dem Apfelausstecher nicht nur das Kerngehäuse ausstechen, sondern eine größere Öffnung für die Füllung herausarbeiten. Dann fällt das Befüllen leichter (und jeder Apfel verfügt über mehr von der bei den meisten Kindern sehr beliebten Füllung).

Glögg

4 +

Das schwedische Wort „Glögg" ist eine Abkürzung von „glödgat vin", was so etwas wie Glühwein bedeutet. Andere Bezeichnungen (im nicht-schwedischen Sprachraum) sind „Schwedenpunsch" oder „schwedischer Glühwein". In der Adventszeit, vor allem am Tag der Heiligen Lucia, dem 13. Dezember, wird überall in Skandinavien Glögg mit und ohne Alkohol getrunken.

Zutaten (für etwa 12 Kinder):

- 1,5 l roter Traubensaft
- 0,5 l schwarzer Johannisbeersaft
- 0,5 l Wasser
- 2 unbehandelte (Bio-)Orangen
- 200 g Rosinen
- 200 g Mandelstifte

- frischer Ingwer (2 bis 3 dünne Scheiben, geschält)
- 2 Zimtstangen, 4 Nelken
- 6 Kardamomkapseln
- etwas Zucker
- Teefiltertüte

Küchen-Untensilien: Topf, Messbecher, Zitronensaftpresse, Schneidebrettchen und Küchenmesser, ein Teeglas mit Henkel und einen langstieligen Löffel für jedes Kind, 2 Untertassen, zwei kleine Schüsseln mit je einem Esslöffel, Schälmesser, Schöpfkelle

So geht's: Die Rosinen in eine kleine Schüssel füllen. Die Orangen auspressen, die Rosinen mit dem Saft übergießen, ziehen lassen. (Überschüssigen Saft in den Topf geben.)

In einem großen Topf Johannisbeer- und Traubensaft erwärmen (nicht kochen), Wasser zugeben. Die Orangen abschälen. Die kleinteiligen Gewürze in eine Teefiltertüte stecken und zuknoten oder -falten. Zusammen mit den Zimtstangen in die Flüssigkeit geben. Das Getränk etwa 1 Stunde ziehen lassen, dann die Zimtstange und eventuell auch die übrigen Gewürze (bitte probieren) entfernen.

In der Zwischenzeit in eine der beiden Untertassen etwas Zucker, in die andere etwas „Glögg" geben. Die Gläser mit der Öffnung in die Flüssigkeit und gleich darauf in den Zucker „stupsen". Auf dem mit Flüssigkeit benetzten Glasrand bleiben die Zuckerkristalle haften, es sieht aus wie ein Schnee-und-Eis-Rand.

Jetzt kann es losgehen! Jedes Kind erhält an der „Glögg-Bar" ein Glas mit Zuckerrand. Nach Belieben gibt es etwas in Orangensaft eingeweichte Rosinen und ein paar Mandelstifte in sein Glas. Darauf mit der Schöpfkelle den (handwarmen!) „Glögg" geben.

Der „Glögg" duftet adventlich, er wärmt von innen und außen! Und auf dem Boden des Glases gibt es noch Rosinen und Mandeln zum Naschen.

Rezept

Kokosflockige Schneemänner

Zutaten:

Für die Deko

- 200 g Puderzucker
- etwas Zitronensaft oder Wasser
- Kakaopulver
- Schokotropfen (Backabteilung)
- Butterkekse
- Kokosraspel
- Liebesperlen oder farbiger Puffreis
- eventuell Fruchtgummis und Ähnliches

Für den Teig

- 4 Eiweiße
- 200 g Zucker
- 1 TL Zitronensaft
- 2 EL Speisestärke
- 250 g Kokosraspel

Küchen-Utensilien: Handrührgerät und Rührschüssel, Backbleche mit Backpapier, Teelöffel, Teigschaber, kleine Kochtöpfe, Backpinsel

So geht's: Die Eiweiße zu Schnee schlagen, den Zucker langsam dazugeben. Die übrigen Zutaten vorsichtig unter die Eimasse heben. Mit zwei Teelöffeln etwa walnussgroße Halbkugeln auf das mit Backpapier ausgelegte Blech setzen (die gesamte Masse aufbrauchen). Bei 160°C etwa 15 bis 20 Minuten backen. Lieber etwas kürzer backen, dann sind sie im Inneren schön saftig. Abkühlen lassen. Fertig sind leckere Kokosmakronen!

Und so kann man daraus kleine Schneemänner bauen: Einen dicken Zuckerguss anrühren, einen kleinen Teil davon mit Kakao braun färben. Für jeden Schneemann werden 5 Makronen gebraucht: Eine Makrone mit der Spitze (als Hut) in den dunklen Guss tauchen. Zwei weitere Makronen mit der Unterseite in den weißen Guss tauchen, beide zu einer Kugel zusammendrücken (Bauch). Ebenso mit der dunkel gefärbten und einer weißen Makrone verfahren (Kopf). Eine Makrone (Fuß) bleibt einzeln und ungefärbt.

Den Fuß mit weißem Zuckerguss auf einen Butterkeks, darauf ebenfalls mit etwas Zuckerguss den Bauch und dann den Kopf „kleben". Den gesamten Butterkeks mit weißem Guss bestreichen und Kokosflocken darauf streuen. Die Schokotropfen mit dunklem Guss als Knöpfe und Augen aufkleben. Eine rote Liebesperle oder ein Stück Fruchtgummi wird zur Möhrennase. Die „Standfläche" des Schneemanns kann beliebig mit Zuckerperlen und anderen Süßigkeiten gestaltet werden.

Tipps:

- Wer die Schneemänner perfektionieren möchte, backt Makronen unterschiedlicher Größe für die einzelnen Körperteile. Dafür Espresso-, Tee- und Esslöffel als Maße verwenden, dabei die unterschiedlichen Backzeiten beachten!

- Zur Stabilisierung der einzelnen Bauteile während des Trocknens ggf. ein „Tipi" aus drei Schaschlikspießen, die am oberen Ende durch ein Haushaltsgummi zusammengehalten werden, um den Schneemann bauen.

- Die Kokosmakronenmasse mit Lebensmittelfarbe grün einfärben, eher kegelförmige Makronen backen. Diese kleinen „Weihnachtsbäume" mit Liebesperlen und Zuckerguss schmücken.

Bunte Lebkuchenfiguren

Zutaten:

Für den Teig

- 500 g Honig
- 200 g Zucker
- 200 g Butter oder Margarine
- 1 Prise Salz
- 1 kg Mehl
- 50 g dunkler Kakao
- 1 Päckchen oder 15 g Lebkuchengewürz
- 2 Eier

Zusätzlich für die Variante
„Verzieren VOR dem Backen"

- 3 Eigelbe
- gehäutete, halbe Mandeln
- Walnusshälften
- Mandelblättchen
- Belegkirschen
- kandierte Früchte
- Rosinen

Zusätzlich für die Variante
„Verzieren NACH dem Backen"

- 750 g Puderzucker
- 3 Eiweiße
- Tiefkühlbeutel oder Spritztülle
- Zuckerperlen, -streusel u. Ä.
- halbierte Mandeln und Walnüsse
- Belegkirschen, kandierte Früchte
- Kokosraspeln

Küchen-Utensilien: Topf, große Rührschüssel, Handrührgerät, Küchenmesser, große Ausstechformen (Herz, Schaukelpferd, Tannenbaum), Pappe, Stifte, Schere, Backpinsel

So geht's:

Backen der Lebkuchen

1. Fett, Zucker und Honig in einem Topf unter Rühren auf dem Herd erwärmen, bis eine einheitliche Masse entstanden ist. Auf Zimmertemperatur abkühlen lassen. In einer Schüssel das Mehl mit den übrigen „trockenen" Zutaten (bis auf die Eier) verrühren. Die abgekühlte Fett-Zucker-Masse sowie die Eier ein-

rühren, sodass ein glatter Teig entsteht. Den Teig in Folie wickeln und über ein oder zwei Nächte im Kühlschrank ruhen lassen.

2. Den Teig auf Backpapier etwa 1 cm dick ausrollen. Mit den Ausstechformen die Lebkuchen ausstechen. Oder Motive auf Pappe zeichnen und ausschneiden. Diese Schablonen auf den Teig legen und mit einem Küchenmesser zurechtschneiden. Alternativ können Sie auch einfache Rechtecke ausschneiden.

Tipp: Wer die Lebkuchen später aufhängen will, sollte eine entsprechende Öffnung ausstechen (z. B. mit einem Apfelausstecher).

Verzieren der Lebkuchen VOR dem Backen

1. Die Lebkuchen mit Eigelb bestreichen und mit halben Mandeln, kandierten Früchten und Belegkirschen verzieren. Belegkirschen können z. B. als Blütenblätter Verwendung finden. Mandeln können in geometrischer Anordnung wie die „5" auf dem Würfel angeordnet werden.

2. Die Lebkuchen bei 180°C in 20 bis 30 Minuten backen. (Die Backdauer ist abhängig von der Größe der Gebäckstücke). Die Teile sehr gut abkühlen lassen. Sie sind in warmem Zustand etwas zerbrechlich!

Verzieren der Lebkuchen NACH dem Backen

Diese Variante hat den Vorteil, dass Sie entweder die Lebkuchen im Vorhinein gebacken haben (oder haben backen lassen) und sie nur zum Verzieren in der Gruppe anbieten können. Oder Sie können das Lebkuchenprojekt über mehrere Tage und „Etappen" anbieten: Erst backen, dann verzieren.

1. Die Eiweiße zu sehr steifem Schnee schlagen, den (gesiebten) Puderzucker unterrühren. Die Masse in eine Spritztülle oder einen Gefrierbeutel füllen (dann eine Spitze der Tüte aufschneiden).

2. Mit dem „Eischnee-Klebstoff" verschiedene Leckereien auf den abgekühlten Lebkuchen befestigen. Man kann ihn auch zum Verzieren der Ränder (kleine Punkte, Wellen- oder gerade Linien), zum „Zeichnen" oder zum „Schreiben" von Buchstaben verwenden.

3. Die verzierten Lebkuchen gut trocknen lassen. Der Eischnee-Guss muss ganz ausgehärtet sein.

Würzige Käseplätzchen

Zutaten:

- 125 g Butter
- 250 g Mehl
- 1 TL Backpulver, ½ TL Salz
- 1 Messerspitze Paprika edelsüß
- 200 g Emmentaler, gerieben
- 1 Ei

- 125 ml süße Sahne
- etwas Mehl zum Auswellen
- 1 Ei + etwas Milch zum Bestreichen
- Sesam, Mohn, Kümmel nach Belieben

Küchen-Utensilien: Küchenmesser, Teigschüssel, Backblech mit Backpapier, Nudelholz, Plätzchen-Ausstecher, kleines Schüsselchen, Gabel, Backpinsel

So geht's: Die Butter in Flöckchen schneiden, zusammen mit den übrigen Zutaten zu einem Teig – per Hand oder mit dem Handrührgerät (Knethaken) – verarbeiten. Ist der Teig sehr weich, ihn im Kühlschrank etwas ruhen lassen. Die Arbeitsfläche bemehlen, den Teig etwa 1 cm dick ausrollen. Sterne, Glocken, Weihnachtsbäume usw. ausstechen und auf das mit Backpapier ausgelegte Blech legen. Das Ei mit etwas Milch verquirlen und die Plätzchen mit der Flüssigkeit bepinseln. Je nach Geschmack mit Mohn, Sesam oder Kümmel bestreuen. Bei 175° C 15 bis 20 Minuten lang goldgelb backen.

Varianten:

- Je nach Geschmack können die Kinder auch Rosenpaprika, Sonnenblumenkerne oder Rosmarin auf die noch rohen Plätzchen streuen.
- Runde Plätzchen können durch unterschiedliches Verzierungsmaterial zu „Christbaumkugeln" werden.

Stille Nacht und (Vor-)Freudensprünge

Ruhe, Bewegung, Entspannung

Zur Ruhe zu kommen – das fällt schwer in den Tagen vor Weihnachten. Zu spannend ist die Geheimniskrämerei zuhause, sind die vielen Aktivitäten wie Backen, Basteln, Singen, Dekorieren. Umso wichtiger ist es, sich Zeit zu nehmen, tief durchzuatmen und sich auf sich zu besinnen. Um danach umso kraftvoller wieder in Aktion treten zu können.

Meditatives Malen

4 +

Materialien: saugfähiges Zeichen- oder Aquarell-papier (DIN A4 oder A3), Schwamm (in Stücken), Malbecher, dicke Haarpinsel (wenn möglich für jede Farbe einen), Wasserfarben oder angerührte Tempera in den Grundfarben (Gelb, Rot, Blau), wasserfeste Unterlage (Wachstischdecke oder Tischset), CD-Player, für jedes Kind ein Stuhl und einen Tisch

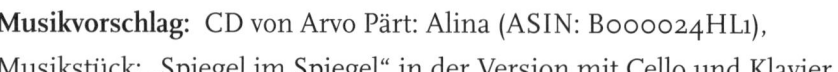

Musikvorschlag: CD von Arvo Pärt: Alina (ASIN: B000024HL1), Musikstück: „Spiegel im Spiegel" in der Version mit Cello und Klavier.

Vorbereitung: Für jedes Kind einen Stuhl und einen Tisch mit einer wasserfes-ten Unterlage, drei Pinseln, den drei Grundfarben, einem Schwammstück und einem Malbecher bereitstellen.

So geht's: Die Kinder betreten den Raum und suchen sich schweigend einen vor-bereiteten Sitzplatz. Die Erzieherin setzt sich ebenfalls und beginnt mit den Kin-dern eine „Wanderung durch den Körper":

„Du sitzt auf deinem Stuhl, du machst es dir bequem. Beide Beine stehen aufrecht ne-beneinander. Spüre, wie deine Fußsohlen auf dem Boden liegen. Lege deinen Oberkörper auf deinen Schenkeln ab. Der Kopf hängt über die Knie und die Arme hängen gerade nach unten. Du spürst, wie das Blut in deinen Kopf wandert. Du atmest tief aus und ein, aus und ein. Langsam rollst du deinen Rücken wieder von unten auf, Wirbel für Wirbel – bis der Kopf wieder geradeaus schaut. Du schüttelst deine Hände etwas aus und dann geht es los!"

Die Erzieherin zeigt den Kindern, wie sie den Schwamm anfeuchten und damit das Blatt von beiden Seiten mit Wasser einstreichen. Eventuell entstandene „Pfüt-zen" mit dem ausgedrückten Schwamm vom Blatt abnehmen. Die Erzieherin er-klärt, dass die Kinder nun Musik hören und dazu malen können.
Die Musik ertönt, die Kinder experimentieren mit den Farben: Durch das feuch-te Papier werden kleine Farbtupfer zu verschiedenen Gestalten, kleinen Sonnen

oder Sternen. Die Farben laufen ineinander, es entstehen neue Farbtöne. Die Kinder können dabei einiges beobachten und entdecken. Je nach Konzentrationsfähigkeit der Kinder können sie individuell entscheiden, wann sie ihr meditatives Malen beenden und den Raum verlassen. Oder die Erzieherin gibt ein Signal, indem sie die Musik langsam ausklingen lässt und entlässt nacheinander die ganze Gruppe.

Nach dem Trocknen können die Kinder mit Filz- oder Wachsstiften oder mit dick angerührten Wasserfarben den Farbgestalten Konturen verleihen und Details hinzufügen. Vielleicht steckt in dem kleinen Kunstwerk auch eine Geschichte, die erzählt werden möchte?

Tipps:

- Die Übergänge zwischen den einzelnen Phasen (Entspannung – Vorbereiten des Papiers – Malen) kann die Erzieherin auch akustisch, beispielsweise durch Chimes oder Klangschalen „einläuten".
- Die (meist recht feuchten) Bilder waagerecht trocknen.

Spiel

Springnüsse

Material: 1 Gymnastikreifen, Walnüsse

So geht's: Den Gymnastikreifen auf den Boden legen, mit einer Schicht Walnüsse auslegen. Die Kinder stellen sich rund herum auf und lassen je eine Walnuss aus der Höhe in den Walnussreifen fallen. Durch den Aufprall springen einige Nüsse aus der Kreismitte heraus. Diese gehören dem Kind, das seine Nuss in den Kreis geworfen hat.

Gewonnen hat, wer die meisten Nüsse ergattert hat. Oder die gesamte Gruppe verfolgt gemeinsam das Ziel, alle Nüsse aus dem Kreis hinauszudrängen.

Eine helle Kerze brennt in dunkler Nacht

Materialien: ein kleiner Apfel und eine Christbaumkerze für jedes Kind (Bienenwachs duftet besonders intensiv), eine große Kerze, Fotokarton in Gelb oder Gold, Pappe, Apfelausstecher, ein Tablett, Tannenreisig, Scheren, Bleistift, eventuell Stifte, ein verdunkelbarer Raum mit ausreichend Platz

Vorbereitung der Kerzen: Die Äpfel mit einem Apfelausstecher entkernen. In dieser Öffnung findet später die Kerze Platz. Damit sich die Kinder beim Tragen der Kerzen-Äpfel mit eventuell heruntertropfendem Wachs die Kinder nicht verbrennen, aus dem farbigen Fotokarton Sterne in einer dem Apfel angepassten Größe schneiden. (Wenn die Gruppe groß ist, ist eine Schablone aus Pappe hilfreich.) Je nach Alter der Kinder können diese die Sterne selbst aufzeichnen und ausschneiden und/oder die Sterne mit den Öffnungen mit Stiften farbig gestalten. Die Erzieherin legt den Tropfschutz-Stern auf den Apfel, steckt die Kerze hinein und stellt alle Apfelkerzen der Gruppe auf ein Tablett.

Vorbereitung des Raumes: Nochmals dieselbe Anzahl Pappsterne (ohne Loch!) zuschneiden. Sie sollen als Abstellflächen für die Apfelkerzen dienen. Einen geeigneten Raum verdunkeln, den Boden mit einer Spirale aus Tannenreisig auslegen. Dabei müssen die Abstände zwischen den Reisig-Spuren so gewählt sein, dass ein Kind bequem hindurchgehen kann, ohne auf die Zweige zu treten. In die Mitte, das Zentrum der Spirale, die große Kerze (eventuell auf eine Unterlage oder auf ein Podest) stellen. Wichtig ist, dass sie stabil steht. Auf dem Reisig die Fotokarton-Sterne verteilen, sodass die Kinder ihre Apfelkerzen später auf diese stellen können. Auch hier darauf achten, dass die Sterne eben auf dem Boden liegen, beispielsweise zwischen zwei Zweigen, sodass die Kerzen-Äpfel nicht umkippen können.

So geht's: Die Kinder betreten den Raum, in dem es bis auf eine brennende Kerze in der Mitte der Zweig-Spirale dunkel ist. Sie setzen sich auf den Boden, es ist still und alle genießen den Duft von Tannennadeln und Bienenwachs. Mit den Worten der Erzieherin:

„Eine helle Kerze brennt in dunkler Nacht,
sie hat mir Licht gebracht.
Sie leuchtet schon von Ferne,
dorthin geh' ich gerne.
Nehm' meine kleine Kerze mit,
gehe langsam Schritt für Schritt."

erhält das erste Kind seine Kerze, geht behutsam durch die Spirale, entzündet in der Mitte seine Kerze und stellt sie beim Rückweg auf einem der zwischen den Zweigen ausgelegten Sterne ab. Es setzt sich wieder, das nächste Kind ist an der Reihe. Bei jedem Kind wiederholt die Erzieherin den Spruch, den die Kinder nach und nach mitsprechen werden. (Vielleicht wünschen einige Kinder die Begleitung durch die Erzieherin. Hier ist es hilfreich, wenn zwei Erwachsene diese Aktion begleiten.) Die Kinder erleben, wie sich der Raum immer mehr erhellt, sie spüren die Wärme, die von den Kerzen ausgeht. Sind alle Kinder einmal bis zur Mitte der Spirale und wieder zurück gegangen, verlassen sie nach einer kurzen Zeit der Stille den Raum. Das Signal hierzu könnte der Klang eines Glöckchens oder einer Triangel sein.

Hinweis: Ein Eimer mit Löschwasser sollte bei dieser Aktion bereit stehen. Außerdem achtet die Erzieherin darauf, dass die Kinder keine weiten Kleider tragen, die eventuell in die Flammen der Kerzen geraten können.

Ich schmücke meinen Weihnachtsbaum

Materialien: je eine Isomatte oder Decke für die Hälfte der Kinder, ein Glöckchen

Vorbereitung: In einem größeren Raum die Matten strahlenförmig um eine sanfte Lichtquelle herum auf den Boden legen.

So geht's: Die Kinder betreten den Raum. Sie finden sich zu Paaren zusammen. Ein Partner legt sich auf den Bauch, legt die Arme locker neben sich, der andere hockt sich auf den Knien daneben. Die Erzieherin bildet ebenfalls mit einem Kind ein Paar. So kann sie beim Sprechen die dazugehörenden Bewegungen ausführen und die Kinder imitieren sie:

Heute ist Weihnachten. Wir schmücken lauter kleine Weihnachtsbäume. Damit dies gut gelingt, reiben wir unsere Handflächen gegeneinander, um sie zu wärmen.
Die Weihnachtsbäume ruhen sich aus. Sie freuen sich darauf, geschmückt zu werden.

Zunächst streichen wir dem Weihnachtsbaum langsam über die Nadeln. Immer von oben nach unten, damit sich die Nadeln nicht aufstellen und uns stechen.	Mit beiden Händen möglichst gleichmäßig, am Hals beginnend, über die Schultern bis zu den Händen und von den Seiten des Brustkorbs bis zu den Zehenspitzen „die Nadeln ordnen".
An der Spitze des Baumes befestigen wir einen großen Stern.	Mit beiden Händen sanft den Hinterkopf berühren und mit den Handballen leicht massieren.
Jetzt legen wir viel glitzerndes Lametta um die Zweige. Herrlich, wie das funkelt!	Mit zehn Fingern sanft von oben nach unten über den Rücken trippeln. Diese Bewegung soll das Funkeln andeuten.
Beinahe hätten wir die Sterne vergessen. Wir verteilen sie über den ganzen Baum.	Mit dem Zeigefinger kleine Sterne auf den Körper „zeichnen".
Es fehlen noch die Kerzen. Eine nach der anderen stecken wir an den Baum.	Mit der Faust sanft mehrfach an verschiedenen Stellen auf den Körper drücken.

Nun zünden wir sie an – schön ist der Baum geworden!

Den Zeigefinger mehrfach an verschiedenen Stellen in den Körper stupsen. Die Erzieherin läutet mit einem Glöckchen.

Bescherung! Die ganze Familie kommt ins Wohnzimmer und geht staunend um den Baum herum.

Langsam einmal um den „Weihnachtsbaum" herumgehen.

Nun tauschen die Partner die Rollen und weitere „Weihnachtsbäume" werden geschmückt.

Spiel

Kegel' die Nuss

Material: Walnüsse, Haselnüsse, Wachsmalstifte, ein Tisch

So geht's: 10 Walnüsse auf dem Boden oder auf einem großen Tisch in eine Reihe legen, je im Abstand von 2 bis 3 cm zueinander. Die Spieler stellen sich parallel zu den „Walnuss-Kegeln" im Abstand von etwa 1 oder 2 m an einer Linie auf. Jeder Kegler rollt (!) eine Haselnuss auf die Walnuss-Kegel zu. Trifft die Haselnuss eine Walnuss, darf dieses Kind diese Walnuss behalten. Für den nächsten Spieler wird die Zahl der Walnüsse wieder auf 10 ergänzt.

Varianten:

- Drei Walnüsse zu einem Dreieck legen, eine vierte Nuss darauf platzieren. Mit einer fünften Walnuss die kleine Pyramide treffen und zum Einsturz bringen.
- Jedes Kind erhält fünf Wal- oder Haselnüsse, die es farbig (Wachsmalstift) markiert. Diese von einem Tischende zum anderen kullern lassen. Ziel ist es, dass die Nüsse möglichst knapp am Rand liegen bleiben. Dabei dürfen „fremde" Nüsse auch über den Rand geschubst werden.

Wir gehen heut' nach Bethlehem

So geht's: Die Erzieherin gibt jeweils einen Satz und eine Bewegung vor, die die Kinder imitieren.

Wir gehen heut' nach Bethlehem, dort ist ein Kind geboren.	Den Satz sprechen und rhythmisch dazu in die Hände klatschen.
Wir klettern über die Alpen.	Mit den Armen ein Klettern andeuten.
Auf den Gipfeln weht ein starker Wind.	Mit dem Oberkörper hin- und herbewegen, als würde man vom Wind umgeweht.
Schnell wieder nach unten!	Mit Armen und Beinen Rennbewegungen ausführen.
In Italien ist es ganz schön heiß, wir schwitzen!	Den „Schweiß" von der Stirn wischen.
Endlich sind wir am Meer! Wir springen hinein.	Kopfsprung andeuten.
Und dann schwimmen wir los!	Schwimmbewegungen ausführen.
Endlich ist Land in Sicht.	Hand an die Stirn legen und „Ausschau halten"
Wir klettern an Land und schütteln das Wasser ab.	Arme und Beine schütteln, „Wasser" abstreifen.
Jetzt ist es nicht mehr so weit. Wir laufen immer schneller.	Laufbewegungen ausführen.
Da vorne, da ist der Stall!	Mit dem Zeigefinger zeigen.
Aber nein, wir haben das Geschenk vergessen!	Den Kopf schütteln, sich an den Kopf tippen.

Also schnell wieder nach Hause!	Umdrehen, Laufbewegungen andeuten.
Schon sind wir am Meer und springen hinein.	Kopfsprung andeuten.
Wir schwimmen los!	Schwimmbewegungen ausführen.
Endlich ist Land in Sicht.	Hand an die Stirn legen und „Ausschau halten".
Wir klettern an Land und schütteln das Wasser ab.	Arme und Beine schütteln, „Wasser" abstreifen.
Hier ist es ganz schön heiß. Wir schwitzen.	Den „Schweiß" von der Stirn wischen.
Wir klettern über die Alpen.	Mit den Armen ein Klettern andeuten.
Auf den Gipfeln weht starker Wind.	Mit dem Oberkörper hin- und herbewegen, als würde man vom Wind umgeweht.
Schnell wieder nach unten ins Tal!	Laufbewegungen ausführen.
Wir waren kurz in Bethlehem. Wir müssen noch 'was holen.	Den Satz sprechen und rhythmisch dazu in die Hände klatschen.

Nikolaussäckchen-Memory

4 +

Material: 12–20 Stofftaschentücher oder ähnlich große Stoffstücke, Geschenkband oder Wolle, verschiedene Nüsse und andere adventstypische Gegenstände oder Naturmaterialien, z. B. Mandarinen, Tannenzweige oder kleine Zweige als Rute (von jeder Sorte immer zwei)

So geht's: Jeweils zwei gleiche Nüsse, Gegenstände oder Naturmaterialien auf zwei verschiedene Stofftaschentücher oder Stoff-Stücke legen und diese mit einem Band wie ein Säckchen zusammenbinden. Die Säckchen wie beim Memory-Spiel in Reihen anordnen. Reihum darf jedes Kind zwei Säckchen befühlen. Es sagt, was es zu ertasten glaubt. Meint es, zwei Nikolaussäckchen gleichen Inhalts gefunden zu haben, benennt es diesen und öffnet die Säckchen zur Kontrolle. Ist es tatsächlich ein Paar, darf es dieses behalten. Ist es kein Paar, verschließt es die Säckchen wieder und stellt sie zurück. Das nächste Kind ist an der Reihe.

Schöne Bescherung!

Adventswerkstatt

Rote Wangen, verschwitzte Hände und Farbspuren überall:
Kinder sind beim Malen und Werken mit ganzem Einsatz dabei.
Natürlich sind beim Basteln in der Vorweihnachtszeit die fertigen Kunstwerke für die Kinder von großer Bedeutung – mindestens ebenso wichtig ist jedoch der individuelle, kreative Schaf-
fensprozess und das Erkunden verschiedenster Materialien und
Techniken. Und wenn sie ihre selbst gemachten Kostbarkeiten
dann an ganz besondere Menschen verschenken, können Kinder erleben, dass geteilte Freude doppelte Freude ist.

Kerzen im Mantel

Materialien: Pergamentpapier, Wachsmalstifte, (altes) Bügeleisen, saugfähiges weißes Papier, Tapetenkleister, Tonkarton, Wasserfarben und Pinsel, Transparent- und Seidenpapier, Bleistift, Lineal, Klebstoff, Teelichte und leere Marmeladengläser

Vorbereitung: Für jedes Kind einen Streifen Pergamentpapier zurechtschneiden. Dieses bildet nachher den Mantel für das Marmeladenglas. Also sollte eine Seite etwas länger sein als das Glas hoch ist und die andere etwas länger sein als der Umfang des Glases misst. Außerdem zwei Streifen aus Fotokarton zuschneiden, die den oberen und unteren Rand des Windlichtes bilden sollen.

So geht's:

Variante 1 – Das Pergamentpapier mit Wachsmalstiften in hellen Farben bemalen. Wer mag, kann die Farben mit einem alten Bügeleisen verschmelzen lassen. Dafür saugfähiges Papier auflegen und bügeln, dann vorsichtig abziehen.

Variante 2 – Mit einem weißen Wachsmalstift Schneeflocken oder Sterne auf das Pergamentpapier malen. Die Weiß-in-Weiß-Malerei mit Wasserfarben übermalen. Dort, wo der Wachsstift seine Spuren hinterlassen hat, haftet die Wasserfarbe nicht.

Variante 3 – Das Pergamentpapier mit Schnipseln aus Transparent- und Seidenpapier bekleben (Tapetenkleister). Dafür reißen die Kinder das Papier am besten im Vorfeld in Stückchen und ordnen sie nach Farben in Schälchen. Erst wenn das Papier vorbereitet ist, mit dem Kleben beginnen. Achtung, das Seidenpapier färbt stark ab! Durch die Überlagerung einzelner Farben ergeben sich interessante Effekte.

Das getrocknete Pergamentpapier-Kunstwerk zu einem Zylindermantel zusammenkleben. Die Ränder mit den Tonkarton-Streifen verstärken. Den fertigen Pergament-Zylinder über das Teelicht im Glas stülpen – fertig ist die „Kerze im Mantel"!

Strohsterne „kinderleicht"

Materialien: Strohhalme, Goldfolie, Tonpapier oder Flechtstreifen (15 bis 20 mm breit), Klebstoff und Schere, Faden für die Aufhängung (in Gold oder zum Tonpapier passend), eine große Nähnadel

Vorbereitung: Halme über Nacht in Wasser legen. Die feuchten Halme flach bügeln, dann trocknen lassen. (Das Bügeln können unter Anleitung auch die Kinder übernehmen.)

Stern 1: Aus der Goldfolie zwei gleich große Kreise (4 cm Ø) schneiden (Schablone anfertigen). Die Innenfläche des einen Kreises mit Klebstoff bestreichen, darauf die Halme mittig anordnen, sodass sie wie Sternenstrahlen über den Papierrand hinausragen. Den zweiten Kreis mit Klebstoff bestreichen und möglichst genau auf den anderen kleben, festdrücken. Nach dem Trocknen den Stern eventuell noch in Form schneiden, die Spitzen mit der Schere schräg abschneiden (wie Penne-Nudeln).

Stern 2: Aus den Flechtstreifen eine „Hexentreppe" anfertigen. Diese mit Klebstoff zum Kreis zusammenfügen. (Ggf. beim Trocknen mit einer Wäscheklammer fixieren.) Je einen Strohhalm am einen Ende mit Klebstoff bestreichen und in eine der „Stufen" der Treppe stecken. Fest andrücken (Wäscheklammer). Halme unterschiedlicher Länge (kurz-lang-kurz-lang usw.) und Farbe sorgen für verschiedenste Modelle.

Die Sterne je mit einem Faden zur Aufhängung versehen.

Weihnachtspost mit Nadel und Faden

Materialien: vorgefertigte Karten, einfach oder zum Klappen (Bastel- oder Schreibwarenladen), farbige Tonpapier-Zuschnitte nach Kartenmaß, feine Stoffreste (eventuell mit weihnachtlichen Motiven), spitze Nähnadel (oder Pricknadel und stumpfe Nähnadel), Garn in verschiedenen Farben, eventuell Backförmchen als Schablonen, gute (Stoff-)Schere, Klebestift und Klebestreifen

So geht's: Auf die Stoffreste Advents-Motive aufmalen und dann ausschneiden, beispielsweise einen Tannenbaum oder einen Stern, eine Christbaumkugel, einen Geschenkkarton (Rechteck). Den Stoff möglichst faltenfrei auf die Karte kleben, gut trocknen lassen. Den Faden in die Nadel fädeln (eventuell doppelt nehmen), mit einem Knoten versehen und das Motiv dekorativ aufnähen. Dafür einmal mit dem einfachen Vorstich (auf und ab) rundum nähen. Eventuell Muster (auf die Kugel) oder kleine Sterne (auf den Weihnachtsbaum) sticken oder mit einer zusätzlichen Schleife (Geschenk) versehen. Den Faden auf der Rückseite vernähen oder mit einem Klebestreifen sichern.

Wer mag, kann auch um den gesamten Fotokarton einmal herumnähen und so einen Rahmen gestalten.

Tipp: Je nach Stärke des Stoffes und des Papiers empfiehlt es sich, die Löcher vorher mit einer Pricknadel (Unterlage nicht vergessen!) zu pricken, also vorzubohren.

Karte mit Geschenk

Materialien: Vorgefertigte Karten, einfach oder zum Klappen, Goldkarton (beidseitig kaschiert), Pricknadeln mit Unterlage, Papier und Stifte, Goldfaden und Nadel für die Aufhängung, eventuell Büroklammern

Vorbereitung: Aus dem Goldkarton und aus dem Papier Kreise schneiden. (Der Durchmesser sollte die Breite der Karte nicht übertreffen.)

So geht's: Auf dem Papier entwerfen die Kinder Motive (Stern, Weihnachtsbaum, Glocke, verschiedene Muster) für ihre Prickarbeit und markieren die Stellen, an denen sie die Goldfolie später „lochen" wollen. Diesen Entwurf auf den Goldkarton legen, eventuell mit Büroklammern befestigen, damit nichts verrutscht und mit der Pricknadel (Unterlage) das Muster ausführen. Mit einem Goldfaden eine Schlaufe zur Aufhängung anbringen. Diesen Advents-Schmuck mit wenig Tesafilm an der Karte so befestigen, dass er mittig auf der Vorderseite hängt. So ist diese Weihnachtskarte Geschenk und Gruß zugleich.

Tipp: Die Innenseite der Verpackung von Schokoküssen ist manchmal mit Metall-Folie beschichtet. Diese kann ebenso verwendet werden. Hier müssen allerdings wegen der unschönen Rückseite zwei Kreise „geprickt" und gegeneinander geklebt werden.

Grußkarte mit Glanzeffekt

Materialien: vorgefertigte Karten, einfach oder zum Klappen (Bastel- oder Schreibwarenladen), Schleifpapier in Schwarz mit unterschiedlicher Körnung, Wachsmalstifte, Bleistift, Schere, Klebstoff

So geht's: Die Schleifpapier-Zuschnitte je nach Kartenmaß anfertigen. Die Zuschnitte werden nach der Gestaltung auf die Karten geklebt, wobei sich ein gleichmäßiger Rand (wie ein Rahmen) ergeben soll.
Die Kinder gestalten die Schleifpapier-Stücke mit hellen Farben. Als Motive bieten sich Sterne, Schneemänner aber auch geometrische Muster oder ein Farben-Feuerwerk an. Durch die raue Oberfläche ergeben sich glitzernde Farbeffekte.

Stern mit Schweif

Materialien: einseitig klebende Folie und Folienstift, Papierreste, Glitter, Locher und Schere, Lamettafäden oder alte Audiocassette, Nadel und Faden für die Aufhängung

Vorbereitung: Aus der Klebefolie für jedes Kind einen etwa handtellergroßen Stern mit Folienstift aufzeichnen und zuschneiden.

So geht's: Jedes Kind erhält einen Stern und zieht die Schutzfolie ab. Die Klebefläche mit Papierschnipseln oder Locher-Punkten bestreuen. Einen Schweif aus Lamettafäden oder altem Kassettenband positionieren. Ein zweites Stück Klebefolie auf den Stern kleben, dabei treffen die beiden Klebeflächen aufeinander. (Hier hilft eventuell die Erzieherin oder ein älteres Kind, damit dies faltenfrei gelingt.) Mit einer Schere die überstehende Folie abschneiden. Den Stern entweder an das Fenster kleben oder mit einer Fadenschlaufe als Aufhänger versehen.

Kreative Schablonen

Materialien: vorgefertigte Karten, einfach oder zum Klappen (Bastel- oder Schreibwarenladen), fester Karton (evtl. beschichtet), Schere und Bleistift, farbige Tonpapier-Zuschnitte nach Kartenmaß, Wasserfarben und Fingerfarben, Pinsel, kleine Schwämme oder Schwammtücher, Spritzsieb und Wasserbehälter, Cutter mit Schneideunterlage (für die Erzieherin)

Vorbereitung: Aus dem festen Karton Schablonen herstellen. Dafür Advents-Motive (Kerze, Glocke, Stern, Komet, Weihnachtsbaum) aufzeichnen, eventuell Backförmchen als Vorlage verwenden. Diese Motive mit einem Cutter oder einer Schere ausschneiden.

So geht's: Die Kinder legen die Schablone auf ein Stück zugeschnittenes Tonpapier. Nun können sie das Motiv

- mit einem mit Fingerfarben getränkten Schwamm austupfen,
- mit Fingerabdrücken (Fingerfarben) „stempeln",
- mit Wasserfarben und einem Pinsel ausmalen,
- mit Wasserfarben und einem Spritzsieb gestalten.

Die Schablone vorsichtig entfernen. Nach dem Trocknen kann die Schablone ein zweites Mal aufgelegt und mit einer anderen Farbe bearbeitet werden.

Tipp: Bei diesen Techniken nicht zu viel Wasser verwenden! Sonst läuft die Farbe unter die Schablone und die Konturen verwischen.

Wenn das Schablonenbild ganz fertig ist, wird es auf die Vorderseite der Karte geklebt.

Tanzende Sterne

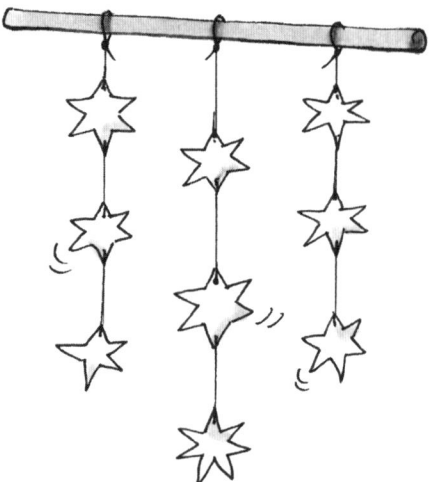

Materialien: Alu-Bastelfolie in Gold, Schere und Nähgarn oder Perlonfaden, Klebstoff, Rundholz in Fensterbreite, eventuell Kreisschneider (für die Erzieherin)

Vorbereitung: Aus der Alu-Bastelfolie Kreise (Ø 8 cm) schneiden.

So geht's: Je einen Kreis zu Hälfte, dann auf ein Viertel, eventuell auf ein Achtel falten. (Das hängt von der Dicke des Papiers ab.) Am Kreisbogen eine oder mehrere Sternenzacken einschneiden. Den Stern entfalten. Weitere Sterne gestalten. Am Ende die Sterne mit etwas Abstand zueinander auf einen Faden kleben. Für den besseren Halt zwei Sterne, den Faden dazwischen, gegeneinander kleben, oder jeweils ein Stück Alu-Bastelfolie gegenkleben. Zwischen den Sternen etwas Abstand halten. Entweder eine Sternenschnur ins Fenster hängen oder mehrere nebeneinander an einem Rundholz befestigen. Dabei darauf achten, dass sich die Sterne an den Schnüren nicht gegenseitig in der Bewegung hindern, sie müssen versetzt zueinander positioniert sein. Über der Heizung „tanzen" die Sterne besonders eindrucksvoll.

Tipp: Wer mag, hängt unten an die Schnüre eine geschliffene Perle, in der sich das Licht schillernd bricht, oder eine kleine, weiße Feder.

Schwebender Engel

4 +

Materialien: weißes Papier, weiße Wattekugel oder Holzperle (ca. 3 cm Ø), Bindfaden in Weiß oder Gold, Stopfnadel, Engelshaar oder Geschenkband, Klebstoff und Schere, Bleistift und Lineal

Vorbereitung: Für jeden Engel zwei Papierstücke vorbereiten (21 x 30 cm und 21 x 15 cm; also ein Blatt DINA4 und ein halbes).

So geht's: Beide Papierstücke von der Schmalseite ausgehend fächerartig in 1,5 bis 2 cm tiefe Falten legen. Jede Falte mit dem Daumen glatt streichen. Den großen Fächer zur Hälfte falten, um dessen Mitte zu bestimmen. Die beiden Hälften der untersten Falte zusammenkleben. Dieser Teil ist der „Rock" des Engels. Den kleinen Fächer ebenfalls zur Hälfte falten. Die untersten Falten der beiden „Arme" des Engels an den „Rock" kleben. Ein Stück Bindfaden um die Mitte des Engels wickeln, verknoten. Dabei ein Ende länger lassen (etwa 30 cm), auf eine Nadel fädeln. Den Faden durch die Wattekugel führen und zu einer Schlaufe für die Aufhängung binden. Den Kopf des Engels mit Engelshaar oder Geschenkband gestalten.

Variante: Statt des weißen Papiers wirken Seiten aus einem alten Telefonbuch leichter und eleganter.

Adventsspirale

Materialien: Tonpapier in hellen Farben, Schere, Farbstifte, Nadel und Faden

Vorbereitung: Spiralen-Vorlagen auf Tonpapier zeichnen oder kopieren, eventuell vergrößern.

So geht's: Die Spiralen zunächst farbig ausgestalten, am besten von beiden Seiten. Erst dann möglichst genau, von außen beginnend, ausschneiden. An der markierten Stelle mit Nadel und Faden eine Aufhängeschlaufe anbringen. Die Spirale am besten über die Heizung hängen, dann setzt sie sich flugs in Bewegung.

Variante: Für die Mitte der Spirale einen Nikolaus, Engel oder einen Weihnachtsbaum gestalten und dort ankleben (dazu eine Klebefläche vorsehen, die rechtwinklig abgeknickt wird). Dann an dieser Figur die Aufhängung anbringen.

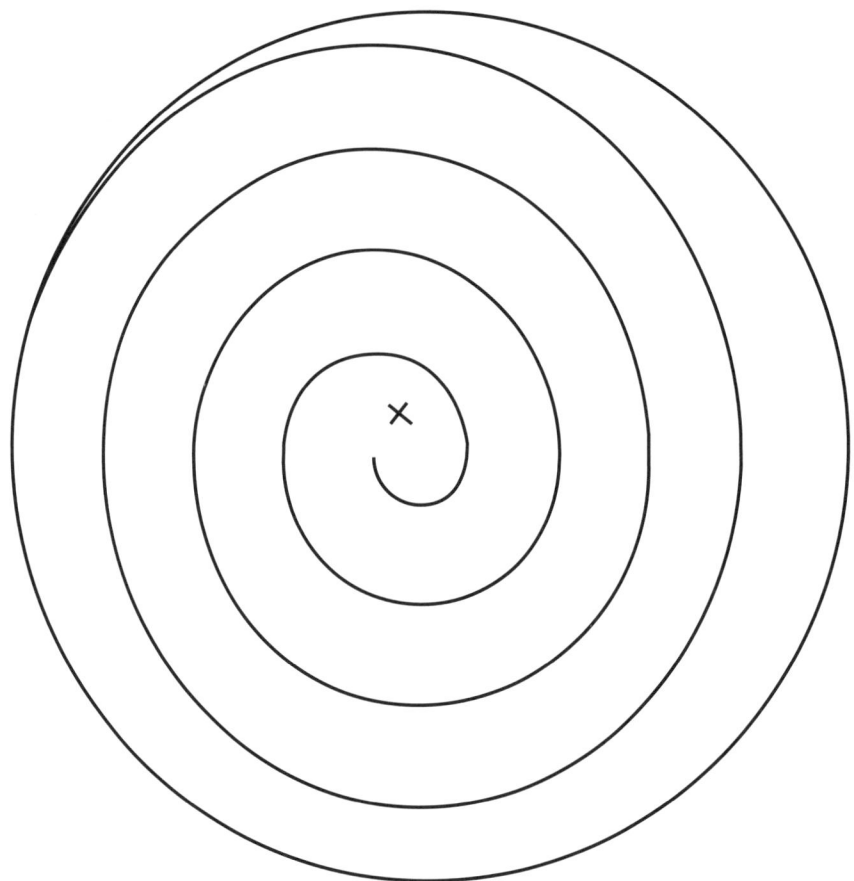

Krippe im Glas

Materialien: 1 großes Einmach- oder Gurkenglas (ohne Deckel), Seidenpapier in verschiedenen Farben, Metall-Bastelfolie in Gold, Tapetenkleister, Knetmasse (besonders schön glänzend ist Knet-Bienenwachs), Eicheln, Haselnüsse oder Holzperlen (Ø 0,5 und 1 cm), Naturmaterialien (Moos, Zweige, Steine), Vogelsand, 2 Teelichte

So geht's: Das Glas als Stall zu Bethlehem gestalten. Dafür das Seidenpapier in Streifen schneiden und von außen mit Tapetenkleister wie Bretter längs nebeneinander aufkleben. Dabei ein oder zwei „Fenster" und eine großes „Tor" lassen, damit man die Szenerie im Stall betrachten kann. Den Rand eventuell als Dach andersfarbig gestalten. Einen „Stern von Bethlehem" mit Kometenschweif aus Metall-Bastelfolie gestalten und ebenfalls am Rand des Glases mit Kleister befestigen. Gut trocknen lassen!

Aus der Knete Maria (blau), Josef (braun oder dunkelgrün), das Jesuskind (gelb oder weiß oder hellblau) formen. Dafür jeweils eine dickliche Walze formen, seitlich an einem Ende eine Perle, eine Eichel oder eine Haselnuss als Kopf in die Knete drücken. Bei Maria und Josef das andere Ende mehrere Male auf die Arbeitsfläche drücken, sodass die Figuren eine stabile Standfläche erhalten. Josef einen kleinen Zweig als Wanderstab beifügen. Das Jesuskind quer auf die Arbeitsfläche legen und an der Unterseite etwas platt drücken, damit es stabiler steht.

In das Gurkenglas eine Schicht Vogelsand geben. Zwei Teelichte und etwas Moos so platzieren, dass dieses sich nicht entzündet. Die Heilige Familie platzieren.

Die Teelichte anzünden, (dabei ein langes Streichholz verwenden), und die kleine Krippe in der Dämmerung wirken lassen. Jedes Kind kann seine eigene Krippe gestalten und als Weihnachtsgeschenk mit nach Hause nehmen.

Tipp: In den Fuß der Figuren jeweils eine Unterlegscheibe oder eine Mutter drücken, dann stehen sie stabiler.

REGISTER

Rezepte

Spiele

Zimmerschmuck

Zum Verschenken

QUELLEN UND LINKS

www.weihnachtsmannfreie-zone.de/

http://www.religioeses-brauchtum.de/winter/sankt_nikolaus_1.html

http://www.sueddeutsche.de/wissen/nikolaus-und-weihnachtsmann-wer-ist-
eigentlich-dieser-typ-in-rot-1.891007